MANUAL PASTA HOMEMADE UNTUK PERMULA

100 RESIPI, TEKNIK DAN PETUA PRAKTIKAL UNTUK MENGUASAI DOH DAN MENCIPTA PASTA

Woo Ha Koh

Hak cipta terpelihara.

Penafian

Maklumat yang terkandung dalam eBook ini bertujuan untuk berfungsi sebagai koleksi strategi yang komprehensif yang telah dilakukan oleh pengarang eBook ini. Ringkasan, strategi, petua dan helah hanyalah cadangan oleh pengarang, dan membaca eBook ini tidak akan menjamin bahawa keputusan seseorang akan betul-betul mencerminkan hasil pengarang. Pengarang eBook telah melakukan segala usaha yang munasabah untuk memberikan maklumat terkini dan tepat untuk pembaca eBook. Pengarang dan sekutunya tidak akan bertanggungjawab atas sebarang kesilapan atau peninggalan yang tidak disengajakan yang mungkin ditemui. Bahan dalam eBook mungkin termasuk maklumat oleh pihak ketiga. Bahan pihak ketiga terdiri daripada pendapat yang dinyatakan oleh pemiliknya. Oleh itu, pengarang eBook tidak memikul tanggungjawab atau liabiliti untuk sebarang bahan atau pendapat pihak ketiga.

EBook adalah hak cipta © 2021 dengan semua hak terpelihara. Adalah menyalahi undang-undang untuk mengedar semula, menyalin atau mencipta karya terbitan daripada eBook ini secara keseluruhan atau sebahagian. Tiada bahagian dalam laporan ini boleh diterbitkan semula atau dihantar semula dalam apa-apa pengeluaran semula atau dihantar semula dalam apa jua bentuk sekalipun tanpa kebenaran bertulis dan ditandatangani daripada pengarang.

ISI KANDUNGAN

ISI KANDUNGAN 3
PENGENALAN 8
RESEPI DOH 11
    1. Doh telur 12
    2. Adunan ravioli 15
    3. Doh semolina 18
    4. Doh tersemperit 21

PASTA DENGAN TANGAN 23
    5. Fusilli dengan kembang kol panggang......... 24
    6. Cavatelli gandum penuh dengan cendawan 28
    7. Frascatelli dengan carbonara jagung manis 32
    8. Ricotta cavatelli dengan kerang 37
    9. Pici dengan pecorino dan guanciale 42
    10. Capunti dengan cumi rangup & burrata 45
    11. Malloreddus dengan daging rusa rebus 49
    12. Cecamariti, pancetta & brussels 54
    13. Trofie lada hitam dengan kerang 58
    14. Lorighittas dengan tomato pusaka 62
    15. Orecchiette dan bebola daging 66
    16. Maccheroni di busa dengan brasciole 71
    17. Gnocchetti dengan udang & pesto 76
    18. Ciciones dengan rebusan lentil 81
    19. Casarecce dengan articok & scamorza 83

20. Mezzi Paccheri dengan Kacang 87
21. Strozzapreti dengan Ketam 91

GNOCCHI DAN GNUDI 95
22. Gnudi Kuning Telur dengan Truffle 96
23. Labu Gnocchi dengan Pancetta 99
24. Gnocchi Keledek dengan Prosciutto 105
25. Tanjakan Gnudi dan Grana Padano 110
26. Beet Gnocchi dengan Ricotta Biri-biri 114
27. Saffron Gnocchi dengan Udang Galah Rebus 119
28. Gnocchi Kentang Panggang dengan Robiola 125
29. Chickpea Gnudi dengan Tomato 131
30. Gnocchi Verdi dengan Provolone Fonduta 135
31. Lemon Gnocchi dengan Kerang 140

PASTA SUMBAT 145
32. Polenta Raviolo dengan Guanciale 146
33. Terung Mezzaluna & Tomato Confit 151
34. Butternut Squash & Pear Cappellacci 157
35. Agnolotti Daging Lembu dengan Pecorino 162
36. Prosciutto Caramelle dengan Fonduta .. 167
37. Anolini dalam Brodo 172
38. Raviolini Kacang Manis dengan Mascarpone 177
39. Tulang Rusuk Pendek & Ravioli Akar Saderi 182

40. Taleggio triangoli & pork ragu 188
41. Sunchoke cappelletti dengan epal 194
42. Faggotini dengan udang & zucchini 199
43. Artichoke casonsei & ricotta 203
44. Daging babi & parsnip tortelli dengan epal 209
45. Bit dan mawar scarpinocc 214
46. Culurgiones dengan mentega & badam 219
47. Labu Ravioli dengan Peas 223

POTONG PASTA 227

48. Fettuccine dengan kerang cukur 228
49. Farfalle dengan tomato panggang 233
50. Tagliatelle primavera 237
51. Spaghetti alla chitarra & telur rebus 241
52. Pappardelle & cendawan bolognese 247
53. Mafaldine koko dengan burung puyuh 252
54. Fettuccine herba dengan kerang 257
55. Pizzoccheri dengan grana padana 262
56. Tagliarini dengan buah zaitun cerignola 267
57. Spaghetti cacio e pepe 271
58. Stracci chestnut dengan rusuk babi 275
59. Herba garganelli dengan articok 280
60. Cappellacci & caponata terung 286
61. Tinta farfalle dengan sotong 290
62. Corzetti pudina dengan sosej kambing . 295
63. Herba fazzoletti dengan tuna 300
64. Sorprese dengan labu panggang 304

PASTA BAKAR 309

65. Ratatouille lasagna 310
66. Terung cannelloni 314
67. Bayam & taleggio rotolo 320
68. Escarole dan sosej cannelloni 325
69. Timballo 330

SOS PASTA 334

70. Sos Pasta Lemon 335
71. Pasta Hitam dalam Sos Gorgonzola 338
72. Sos Pasta Zucchini yang enak 341
73. Sos Pasta Ikan Bilis-Olive 344
74. Sos Pasta Zaitun Hitam 347
74. Sos Mangga Ayam & Pasta 350
75. Sos Pasta Brokoli 354
76. Sos Pasta Asas 357
77. Sos Pasta Buatan Sendiri yang Mudah . 360
78. Sos Pasta Citrusy 363
79. Pizza dan Sos Pasta 366
80. Sos Pasta Babi Asli 368
81. Sos Pasta 30 Minit 371
82. Sos Pasta Lobak Merah 374
83. Sos Pasta Bayam Articok 377
84. Sos Pasta Skuasy 379
85. Sos Pasta Cendawan 382
i) Sos Pasta Primavera 386
86. Sos Alfredo Klasik 389
87. Ayam dan Sos Pasta 392
88. Kelapa, Sos Pasta Labu 395
89. Minyak Zaitun & Sos Lada Merah 397
90. Sos Pasta Homestyle 399

91. Daging Lembu Lo Mein 403
92. Pasta Satu Periuk Puttanesca 406
93. Sos Pasta Ayam..409
94. Sos Ara & Prosciutto Segar.......................412
95. Sos Feta dan Pasta Bacon..........................415
96. Pasta Amnesia...418
97. Sos Pasta dengan Pancetta 421
98. Sos Pasta Tomato Hijau.............................424
99. Sos alpukat untuk pasta 427
100. Sos pasta Calcutta......................................430

KESIMPULAN 433

PENGENALAN

Membuat doh pasta buatan sendiri yang segar tidak perlu membosankan! Apa yang anda perlukan hanyalah sedikit tepung, telur dan sedikit kekuatan lengan semasa anda menguli semuanya bersama - tiada pemproses makanan atau pengadun berdiri mewah diperlukan. Dan setelah pasta anda sudah siap, anda hanya perlu memasak selama 2-3 minit sebelum anda boleh menambah sos anda, taburkan keju anda dan buka wain itu.

Tidak kira resipi, proses untuk membuat doh pasta adalah sama: perlahan-lahan kacau cecair ke dalam tepung anda untuk menghidrat semasa anda mengadun. Susun tepung anda dalam bentuk gunung berapi— iaitu busut dengan kawah di tengahnya—di atas permukaan kerja yang rata atau dalam mangkuk cetek yang luas. Masukkan bahan cecair ke dalam kawah dan pecahkan kuning telur (jika guna) dengan garpu. Pukul cecair perlahan-lahan ke dalam tepung, bekerja dari tengah ke luar. Kemudian, apabila doh terlalu keras untuk dicampur dengan garpu, gunakan tangan anda untuk menyatukan semuanya.

Pembuat pasta elektrik mengambil keperluan otot daripada doh buatan sendiri anda; selepas anda menambah bahan-bahan ke dalam ruang, mesin melakukan semua menguli untuk anda, yang mungkin kelihatan seperti jalan pintas yang berbaloi untuk mereka yang kurang kekuatan lengan bawah. Tetapi menurut kebanyakan tukang masak, membuat doh pasta tanpa peralatan adalah lebih mudah daripada yang anda fikirkan dan lebih kalis mudah, menghasilkan hasil yang konsisten dan digabungkan dengan lebih baik.

Dari segi teknikal, menyatukan doh anda dengan tangan sebelum menguli bermakna anda akan mendapat adunan yang seimbang setiap kali. Ini membantu mengambil kira pembolehubah dalam doh anda yang mungkin menjadikannya lebih longgar atau kering walaupun mengikut resipi yang sama, seperti jenama tepung AP yang anda gunakan atau saiz telur anda.

RESEPI doh

1. Adunan telur

HASIL 1 LB 7 OZ (650 G)

bahan-bahan

- 2 cawan (254 g) 00 tepung
- 1 sudu teh (5 g) garam halal
- 20 biji kuning telur
- 2 sudu teh (10 ml) minyak zaitun extra-virgin

Arah

a) Untuk membuat Doh Telur, campurkan tepung 00 dan garam pada permukaan kerja yang kering. Bentuk busut dengan diameter kira-kira 10 inci (25 cm).

b) Menggunakan tangan anda, buat perigi di tengah-tengah campuran tepung-dan-garam. Tuangkan kuning telur dan minyak perlahan-lahan ke tengah dan pukul perlahan. Sapukan tepung secara beransur-ansur menggunakan jari atau garpu.

c) Satukan tepung, kuning telur dan minyak hingga sebati. Jika doh melekat pada permukaan kerja anda, tambah sedikit tepung. Jika doh terasa kering, semburkan sedikit air untuk mengikatnya.

d) Setelah doh dibentuk menjadi bebola, mula menguli dengan menolak ke bawah dengan tumit tangan anda dan memutarkannya. Uli doh lebih kurang 10 hingga 15 minit. Doh telah diuli yang mencukupi apabila ia kelihatan licin dan muncul kembali apabila anda menekannya.

e) Balut doh rapat-rapat dengan bungkus plastik dan biarkan ia berehat sekurang-kurangnya 30 minit pada suhu bilik sebelum digunakan. Jika anda tidak menggunakan doh dengan segera, simpan dalam peti sejuk.

2. Adunan ravioli

HASIL 2 LB (908 G)

bahan-bahan

- 4 cawan (508 g) 00 tepung
- 1 sudu teh (5 g) garam halal
- 5 biji telur
- 6 biji kuning telur

Arah

a) Untuk membuat Doh Ravioli, campurkan tepung 00 dan garam pada permukaan kerja yang kering. Bentuk busut dengan diameter kira-kira 10 inci (25 cm).

b) Menggunakan tangan anda, buat perigi di tengah-tengah campuran tepung-dan-garam. Perlahan-lahan tuangkan telur dan kuning telur ke tengah dan pukul perlahan-lahan. Sapukan tepung secara beransur-ansur menggunakan jari atau garpu.

c) Satukan tepung dan telur sehingga semuanya sebati. Jika doh melekat pada permukaan kerja anda, tambah sedikit tepung. Jika doh terasa kering, semburkan sedikit air untuk mengikatnya.

d) Setelah doh dibentuk menjadi bebola, mula menguli dengan menolak ke bawah dengan tumit tangan anda dan memutarkannya. Uli doh lebih kurang 10 hingga 15 minit. Doh telah diuli yang mencukupi apabila ia kelihatan licin dan muncul kembali apabila anda menekannya.

e) Balut doh rapat-rapat dengan bungkus plastik dan biarkan ia berehat sekurang-kurangnya 30 minit pada suhu bilik sebelum digunakan. Jika anda tidak menggunakan doh dengan segera, simpan dalam peti sejuk.

3. Doh semolina

HASIL 1 LB (454 G)

bahan-bahan

- 1 cawan (168 g) tepung semolina
- 1 cawan (127 g) 00 tepung
- 1 Sudu Besar (10 g) garam halal
- ¾ cawan (178 ml) air suam

Arah

a) Untuk membuat Doh Semolina, satukan tepung dan garam dan letakkan di atas permukaan kerja yang kering. Bentuk busut dengan diameter kira-kira 10 inci (25 cm). Menggunakan tangan anda, buat perigi di tengah-tengah campuran tepung-dan-garam. Perlahan-lahan tuangkan air ke tengah dan perlahan-lahan sapukan tepung menggunakan jari atau garpu.

b) Satukan tepung dan air sehingga semuanya sebati. Jika doh melekat pada permukaan kerja anda, tambah sedikit tepung. Jika doh terasa kering, semburkan sedikit air untuk mengikatnya.

c) Setelah doh dibentuk menjadi bebola, mula menguli dengan menolak ke bawah dengan tumit tangan anda dan memutarkannya. Uli doh lebih kurang 10 minit. Doh telah diuli yang mencukupi apabila ia kelihatan licin dan muncul kembali apabila anda menekannya.

d) Balut doh rapat-rapat dengan bungkus plastik dan biarkan ia berehat sekurang-kurangnya 30 minit pada suhu bilik sebelum digunakan. Jika anda tidak menggunakan doh dengan segera, simpan dalam peti sejuk.

4. Doh tersemperit

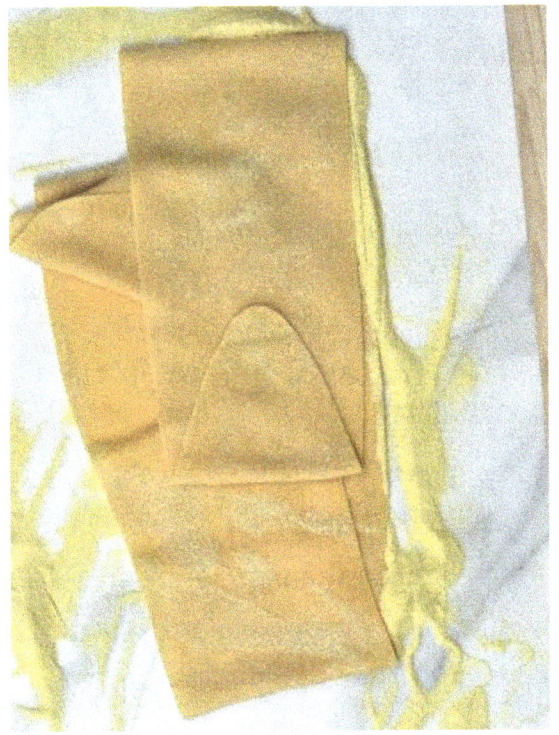

HASIL 1 LB (454 G)

bahan-bahan

- 2 cawan (336 g) tepung semolina
- ½ cawan (118 ml) air suam

Arah

a) Untuk membuat Doh Extruded, letakkan tepung semolina di dasar extruder. Dengan pengadun berjalan, perlahan-lahan mula tuangkan air ke dalam pangkalan dengan tepung. Doh sedia untuk disemperit apabila ia menyerupai pasir basah. Ia akan kelihatan rapuh dan harus melekat bersama apabila ditekan di antara jari anda.

b) Keluarkan pasta mengikut arahan pengilang untuk mesin atau lampiran.

PASTA DENGAN TANGAN

5. Fusilli dengan kembang kol panggang

BERKHIDMAT 4–6

bahan-bahan

- Doh Semolina

- 1 bunga kobis besar, potong kecil

- Minyak zaitun

- 1 ulas bawang putih, hiris nipis

- Lada merah ditumbuk, secukup rasa

- Garam kosher

- Lada hitam yang baru dikisar

- 1 keping roti Itali segar, dipotong menjadi kepingan ½ inci (12 mm).

- Minyak zaitun

- 1 sudu teh perasa Itali kering

- ¼ cawan (45 g) Parmigiano-Reggiano parut

- Minyak zaitun

- 1 (1.6-oz [45-g]) tin ikan bilis, dicincang kasar

- 1 lemon, jus dan kulit

- Parsley, dicincang

Arah

a) Panaskan ketuhar hingga 400°F (204°C) dan taburkan dua loyang dengan tepung semolina.

b) Untuk membuat fusilli, potong sekeping kecil Doh Semolina dan tutup baki doh dengan bungkus plastik. Gulungkan kepingan doh ke dalam tali kira-kira $\frac{1}{4}$ inci (6 mm) tebal. Potong kepingan doh $2\frac{1}{2}$ inci (6.4 cm) daripada tali. Letakkan sekeping doh yang telah dipotong pada pepenjuru dan letakkan lidi di hujung bahagian bawah kepingan doh, kemudian gulungkan lidi dari anda sehingga doh semuanya dililit di sekelilingnya. Jangan tekan kuat atau doh akan melekat pada lidi. Perlahan-lahan luncurkan pasta dari lidi dan letakkan di atas loyang yang ditaburi semolina. Biarkan tidak bertutup sehingga sedia untuk dimasak.

c) Toskan kepingan kembang kol yang dipotong dalam mangkuk dengan minyak zaitun, bawang putih yang dihiris, lada merah yang dihancurkan, garam dan lada hitam yang baru dikisar. Letakkan di atas loyang dan bakar selama kira-kira 25 minit atau sehingga lembut.

d) Untuk serbuk roti, letakkan roti Itali yang dipotong di atas kuali dan gerimis dengan minyak zaitun, perasa Itali kering, Parmigiano-Reggiano parut, garam dan lada hitam yang baru dikisar. Bakar selama kira-kira 10 minit atau sehingga berkerak. Letakkan roti dalam pemproses makanan dan nadi sehingga hanya dikisar.

e) Didihkan periuk besar air masin.

f) Sementara itu, dalam kuali tumis yang besar di atas api sederhana, masukkan sedikit minyak zaitun, ikan bilis cincang, kembang kol dan jus lemon. Kacau hingga sebati dan kekalkan suam semasa pasta masak.

g) Letakkan fusilli dalam air mendidih dan masak sehingga al dente, kira-kira 4 hingga 5 minit. Masukkan fusilli ke dalam kuali tumis dengan bunga kobis dan toskan hingga sebati. Perasakan dengan garam dan lada sulah yang baru dikisar.

h) Untuk menghidangkan, bahagikan pasta antara mangkuk. Hiaskan dengan kulit lemon, serbuk roti dan pasli cincang.

6. Cavatelli gandum penuh dengan cendawan

BERKHIDMAT 4–6

bahan-bahan
- 1 cawan (168 g) tepung semolina
- 1 cawan (120 g) tepung gandum
- 1 Sudu Besar (10 g) garam halal
- ¾ cawan (178 ml) air suam
- 8 oz (227 g) keju kambing
- ¼ cawan (59 ml) krim pekat
- Minyak zaitun
- 1 mentol adas, dihiris nipis, simpan pelepah untuk hiasan
- 1½ lb (680 g) cendawan liar
- Garam kosher
- Lada hitam yang baru dikisar
- 1 cawan (237 ml) wain putih

Arah
a) Taburkan dua helai kuali dengan tepung semolina.

b) Untuk membuat doh, ikut arahan untukDoh Semolina. Untuk membuat cavatelli, potong sekeping kecil doh gandum dan tutup baki doh dengan bungkus plastik. Dengan tangan anda, gulungkan kepingan doh ke dalam tali kira-kira 1 / 16 inci (12 mm) tebal. Potong 1 inci (2.5 cm) kepingan doh dari tali. Dengan menggunakan pisau mentega atau pengikis bangku, tolak ke bawah dengan kuat pada tepi doh dan seret pisau menjauhi anda, membenarkan doh melengkung pada dirinya sendiri. Letakkan cavatelli pada kuali lembaran yang ditaburi semolina dan biarkan tidak bertutup sehingga sedia untuk dimasak.

c) Untuk membuat crema keju kambing, dalam mangkuk, masukkan keju kambing dan krim pekat. Pukul sehingga sebati dan rata.

d) Dalam kuali tumis yang besar di atas api yang tinggi, tambahkan sedikit minyak zaitun, adas, cendawan liar, garam dan lada yang baru dikisar. Masak selama kira-kira 6 minit atau sehingga adas dan cendawan menjadi karamel, kacau selalu. Tambah wain putih dan biarkan ia berkurangan separuh.

e) Didihkan periuk besar air masin. Letakkan cavatelli dalam air mendidih dan masak hingga al dente, kira-kira 4 hingga 5 minit. Masukkan cavatelli ke dalam kuali tumis dengan adas karamel dan cendawan. Tos hingga sebati.

f) Untuk menghidangkan, bahagikan pasta antara mangkuk. Hiaskan dengan krim keju kambing dan pelepah adas.

g) Gulungkan doh ke dalam tali kira-kira ½ inci (1.3 cm) tebal dan potong menjadi kepingan 1 inci (2.5 cm).

h) Menggunakan pengikis bangku, tolak ke bawah dengan kuat pada tepi doh.

i) Seret pengikis bangku dari anda untuk membenarkan doh melengkung.

7. Frascatelli dengan carbonara jagung manis

BERKHIDMAT 4-6

bahan-bahan

- 2 cawan (472 ml) air
- 4 cawan (672 g) tepung semolina
- 3 cawan (711 ml) susu penuh
- 1 tandan thyme
- 4 tongkol jagung, biji dikeluarkan dan disimpan
- 3 biji telur
- Minyak zaitun
- ¼ cawan (58 g) mentega tanpa garam
- 3 daun bawang, dihiris
- Garam kosher
- Lada hitam yang baru dikisar
- ¼ paun (113 g) lardo, dipotong menjadi kepingan ¼ inci (6 mm)
- ½ cawan (90 g) Parmigiano-Reggiano parut
- Daun bawang, dihiris nipis

Arah

a) Untuk membuat frascatelli, isi mangkuk dengan air sejuk. Alas loyang dengan kertas parchment dan letakkan tepung semolina pada loyang lain. Celupkan hujung jari anda ke dalam air dan biarkan titisan air jatuh ke dalam kuali dengan semolina. Menggunakan pengikis bangku, pusingkan semolina dengan teliti ke atas dirinya sendiri untuk menghasilkan kepingan doh bersaiz kerikil yang tidak sekata. Menggunakan pengikis bangku, pindahkan tepung semolina bersama kepingan doh ke dalam penapis. Goncang ayak perlahan-lahan, biarkan semolina jatuh semula ke atas kuali dan meninggalkan frascatelli. Pindahkan frascatelli ke loyang beralas kertas. Teruskan proses sehingga tinggal sedikit semolina. Letakkan frascatelli di dalam peti sejuk sehingga sedia untuk digunakan. Ini memastikan bahawa pasta tidak akan hancur semasa memasak.

b) Dalam periuk bersaiz sederhana, dengan api sederhana sederhana, masukkan keseluruhan susu, thyme dan tongkol. Biarkan mendidih dan biarkan masak selama kira-kira 30 minit. Buang tongkol dan salurkan susu melalui penapis. Biarkan susu sejuk dan kemudian masukkan telur dan pukul sehingga sebati.

c) Didihkan periuk besar air masin.

d) Dalam kuali tumis yang besar dengan api yang tinggi, tambahkan sedikit minyak zaitun, mentega, jagung, daun bawang, garam dan lada yang baru dikisar. Masak selama kira-kira 5 minit, kacau kerap, sehingga lembut. Kurangkan haba kepada rendah.

e) Letakkan frascatelli dalam air mendidih dan masak sehingga terapung, kira-kira 1 hingga 3 minit.

f) Masukkan frascatelli dan lardo ke dalam kuali tumis dengan jagung dan daun bawang. Toskan hingga sebati, dan keluarkan dari api. Perlahan-lahan, dan kacau sentiasa, mula memasukkan campuran telur dan susu ke dalam kuali sehingga ia pekat, kira-kira 2 minit.

Masukkan Parmigiano-Reggiano parut dan gaulkan hingga sebati.

g) Untuk menghidangkan, bahagikan pasta antara mangkuk. Hiaskan dengan daun kucai dan lada hitam yang baru dikisar.

8. Ricotta cavatelli dengan kerang

BERKHIDMAT 4-6

bahan-bahan
- 1 cawan (227 g) ricotta
- 1½ cawan (191 g) 00 tepung
- 2 biji telur
- Garam kosher
- Lada hitam yang baru dikisar
- Minyak zaitun
- 1 bawang merah, dihiris
- 1 ulas bawang putih, cincang
- 1 mentol adas, dibelah dua, dihiris, pelepah dikhaskan
- Lada merah ditumbuk, secukup rasa
- 3 lb (1.4 kg) kupang, digosok
- 1 lemon, jus dan kulit
- ¼ cawan (59 ml) vermouth kering
- ¼ cawan (58 g) mentega tanpa garam
- Garam kosher

- Lada hitam yang baru dikisar
- 1 keping roti Itali, dihiris
- Minyak zaitun
- Ricotta

Arah

a) Taburkan dua helai kuali dengan tepung semolina.

b) Untuk membuat doh, satukan ricotta, tepung, telur, garam dan lada yang baru dikisar dalam mangkuk. Gaulkan bersama sehingga sebati dan letakkan di atas permukaan kerja yang ditaburi sedikit tepung. Uli lebih kurang 5 minit. Untuk membuat cavatelli, potong sekeping kecil doh ricotta dan tutup selebihnya dengan bungkus plastik. Dengan tangan anda, gulungkan kepingan doh ke dalam tali kira-kira $\frac{1}{2}$ inci (12 mm) tebal. Potong 1 inci (2.5 cm) kepingan doh dari tali. Dengan menggunakan pisau mentega atau pengikis bangku, tolak ke bawah dengan kuat pada tepi doh dan seret pisau menjauhi anda, membenarkan doh melengkung pada dirinya sendiri. Letakkan cavatelli di atas loyang yang telah ditaburkan tepung dan biarkan ia tidak bertutup di dalam peti sejuk sehingga sedia untuk dimasak.

c) Didihkan periuk besar air masin.

d) Untuk mengukus kerang, dalam periuk dengan api yang tinggi, tambahkan sedikit minyak zaitun, bawang merah, bawang putih, adas dan lada merah yang dihancurkan. Masak selama kira-kira 2 minit atau sehingga lembut. Kemudian masukkan kerang, jus lemon, kulit, vermouth, mentega, garam dan lada yang baru dikisar. Tutup dan masak sehingga kerang terbuka, kira-kira 3 hingga 5 minit

e) Sementara itu, letakkan cavatelli dalam air mendidih dan masak sehingga terapung, kira-kira 2 hingga 4 minit. Siram roti Itali yang dihiris dengan minyak zaitun dan panggang dalam ketuhar selama kira-kira 1 minit pada setiap sisi atau sehingga dibakar.

f) Masukkan cavatelli ke dalam kupang dan kacau hingga sebati.

g) Untuk menghidangkan, bahagikan pasta dan kerang antara mangkuk. Hiaskan dengan sekeping roti Itali berkerak, minyak zaitun, pelepah adas dan beberapa batang kecil ricotta.

9. Pici dengan pecorino dan guanciale

BERKHIDMAT 4–6

bahan-bahan
- Doh Semolina

- 1 lb (454 g) guanciale, dipotong menjadi kepingan ½ inci (12 mm).

- Minyak zaitun

- Lada hitam yang baru dikisar

- Pecorino Romano, untuk parut

Arah

a) Taburkan dua helai kuali dengan tepung semolina.

b) Untuk membuat pici, potong kecil doh semolina dan tutup baki doh dengan bungkus plastik. Dengan tangan anda, gulungkan kepingan doh ke dalam tali kira-kira ¼ inci (6 mm) tebal. Potong kepingan doh 6 inci (15 cm) daripada tali. Adalah normal untuk pici mempunyai panjang dan ketebalan yang tidak teratur. Letakkan pici di atas kuali yang ditaburi semolina dan biarkan ia tidak bertutup sehingga sedia untuk dimasak.

c) Didihkan periuk besar air masin.

d) Sementara itu, dalam kuali tumis yang besar di atas api sederhana besar, masak guanciale sehingga garing dan lemaknya hilang, kira-kira 5 minit. Letakkan pici dalam air mendidih dan masak sehingga al dente, kira-kira 3 hingga 5 minit. Masukkan pici ke guanciale dan toskan hingga sebati.

e) Untuk menghidang, bahagikan pici antara mangkuk. Hiaskan dengan sedikit minyak zaitun, lada hitam yang baru dikisar dan parut Pecorino Romano.

10. Capunti dengan cumi rangup & burrata

BERKHIDMAT 4-6

bahan-bahan
- Doh Semolina
- Minyak sayuran, untuk menggoreng
- 1 cawan (125 g) tepung serba guna
- 1 cawan (168 g) tepung semolina
- 1 cawan (170 g) tepung jagung
- Garam kosher
- 1 lb (454 g) cumi, dipotong menjadi cincin $\frac{1}{2}$ inci (12 mm).
- Minyak zaitun
- 2 ulas bawang putih, dihiris
- 2 lb (907 g) kangkung
- Garam kosher
- Lada hitam yang baru dikisar
- $\frac{1}{4}$ paun (113 g) burrata
- Pasli daun rata Itali, dicincang
- 1 lemon, jus dan kulit

Arah

a) Taburkan dua helai kuali dengan tepung semolina.

b) Untuk membuat capunti, potong kecil Doh Semolina dan tutup selebihnya dengan bungkus plastik. Dengan tangan anda, gulungkan kepingan doh ke dalam tali kira-kira ½ inci (12 mm) tebal. Potong 2 inci (5 cm) kepingan doh dari tali. Dengan menggunakan tiga jari, tolak doh ke bawah dengan kuat, seret doh melintasi permukaan kerja ke arah badan anda. Letakkan capunti di atas kuali yang telah ditaburi semolina dan biarkan ia tidak bertutup sehingga sedia untuk dimasak.

c) Didihkan periuk besar air masin.

d) Untuk membuat cumi rangup, panaskan minyak dalam periuk atau penggoreng dalam hingga 400°F (204°C). Dalam mangkuk, satukan tepung serba guna, semolina, tepung jagung dan garam. Bekerja dalam kelompok, korek cumi dalam adunan kering, goncang lebihan sebelum anda menjatuhkannya ke dalam minyak yang dipanaskan. Goreng sehingga perang keemasan, kira-kira 2 minit. Keluarkan dari minyak dan letakkan di atas loyang beralaskan tuala kertas. Perasakan dengan garam.

e) Letakkan capunti dalam air mendidih dan masak sehingga al dente, kira-kira 3 hingga 5 minit

f) Sementara itu, dalam kuali tumis di atas api sederhana besar, masukkan sedikit minyak zaitun, bawang putih dan kangkung. Perasakan dengan garam dan lada hitam yang baru dikisar. Masukkan capunti yang telah masak dan gaul hingga sebati.

g) Untuk menghidangkan, bahagikan pasta antara pinggan. Masukkan sedikit cumi rangup ke dalam setiap mangkuk dan hiaskan dengan burrata, pasli cincang, minyak zaitun, jus lemon dan semangat.

11. Malloreddus dengan daging rusa yang direbus

BERKHIDMAT 4-6

bahan-bahan

- Minyak zaitun
- 4 lb (1.8 kg) bahu atau batang rusa
- Garam kosher
- Lada hitam yang baru dikisar
- 1 lobak merah, potong dadu
- 1 batang saderi, potong dadu
- 2 biji bawang, potong dadu
- 1 ulas bawang putih, cincang
- 3 Sudu Besar (48 g) pes tomato
- 1 cawan (237 ml) wain merah
- 3 cawan (711 ml) stok daging lembu
- 3 tangkai thyme
- 1 daun salam
- 1 sudu teh buah juniper
- Doh Semolina
- Garam kosher

- Lada hitam yang baru dikisar
- Pasli daun rata Itali, dicincang

Arah

a) Panaskan ketuhar hingga 350°F (177°C). Untuk merebus daging rusa, panaskan ketuhar Belanda yang besar dengan minyak zaitun di atas api yang tinggi. Perasakan daging rusa dengan garam dan lada yang baru dikisar. Masukkan daging rusa ke dalam kuali dan masak sehingga perang, kira-kira 2 hingga 3 minit setiap sisi. Keluarkan daging rusa dan ketepikan.

b) Kecilkan api kepada sederhana dan masukkan lobak merah, saderi, bawang merah dan bawang putih dan masak sehingga mereka mula perang, kira-kira 5 minit. Masukkan pes tomato dan masak selama kira-kira 2 minit, kacau selalu supaya ia tidak hangus.

c) Masukkan wain merah, stok daging lembu, thyme, daun bay dan buah juniper dan masak sehingga mendidih. Kembalikan daging rusa ke dalam periuk dan tutup. Letakkannya di dalam ketuhar dan masak selama kira-kira 1½ jam atau sehingga daging empuk.

d) Untuk membuat malloreddus, taburkan 2 loyang dengan tepung semolina dan ketepikan. Potong sekeping kecil Doh Semolina dan tutup baki doh dengan bungkus plastik. Dengan tangan anda, gulungkan kepingan doh ke dalam tali kira-kira ½ inci (12 mm) tebal. Pada berat sebelah sedikit, potong doh ½ inci (12 mm) daripada tali.

e) Dengan ibu jari anda, gunakan tekanan hanya pada bahagian atas sekeping pasta dengan sisi ibu jari anda, dan tekan dan tolak ke arah bawah parut keju. Letakkan malloreddus pada kuali lembaran yang ditaburi semolina dan biarkan ia tidak bertutup sehingga sedia untuk dimasak.

f) Apabila daging rusa telah masak, keluarkan dari periuk dan tapis cecair pendinding. Buang sayur-sayuran dan herba. Dengan api sederhana, renehkan cecair pendidih sehingga ia berkurangan lebih daripada separuh dan telah menjadi pekat. Cincang daging rusa dan masukkan semula ke dalam periuk bersama cecair perap. Tetap hangat.

g) Didihkan periuk air masin. Sementara itu, dalam kuali tumis yang besar dengan api perlahan, masukkan sedikit minyak zaitun dan sedikit daging rusa yang direbus. Letakkan pasta dalam air mendidih dan masak sehingga al dente, kira-kira 4 hingga 6 minit. Masukkan pasta yang telah dimasak dan sedikit air pasta ke dalam daging rusa. Gaul hingga sebati dan perasakan dengan garam dan lada hitam yang baru dikisar.

h) Untuk menghidangkan, bahagikan pasta dan daging rusa antara mangkuk. Hiaskan dengan pasli cincang.

12. Cecamariti, pancetta & brussels

BERKHIDMAT 4-6

bahan-bahan

- 1 sudu teh (4 g) yis segera
- ½ cawan (118 ml) air suam
- ⅛ cawan (15 g) tepung gandum
- ¾ cawan (95 g) 00 tepung
- ½ sudu teh (3 g) garam halal
- Minyak zaitun
- 8 oz (227 g) pancetta, dipotong menjadi kiub ½ inci (12 mm)
- 1 lb (454 g) pucuk Brussels, dibelah dua
- 3 ulas bawang putih, dihiris
- Garam kosher
- Lada hitam yang baru dikisar
- 16 buah ara misi hitam, dibelah empat
- ¼ cawan (43 g) kacang hazel yang dicincang, dibakar
- Cuka balsamic

Taburkan dua loyang dengan 00 tepung.

Arah

a) Untuk membuat doh, satukan yis dan air suam dalam mangkuk dan biarkan selama kira-kira 5 minit. Kemudian masukkan tepung dan garam ke dalam mangkuk dan gaul sehingga adunan sebati. Biarkan doh duduk selama kira-kira 15 minit, bertutup. Di atas permukaan yang ditaburi sedikit tepung, uli doh perlahan-lahan. Kembalikan doh ke dalam mangkuk yang telah disapu minyak dan tutup. Biarkan doh duduk selama kira-kira 1 jam.

b) Untuk membuat cecamariti, potong sekeping kecil doh dan tutup baki doh dengan bungkus plastik. Dengan tangan anda, gulungkan kepingan doh ke dalam tali kira-kira $\frac{1}{2}$ inci (12 mm) tebal. Potong kepingan doh $\frac{1}{2}$ inci (12 mm) daripada tali. Menggunakan jari anda, mulakan menggulung kepingan itu ke depan dan ke belakang sehingga panjangnya kira-kira 2 inci (5 cm) dan mempunyai bentuk seperti gelendong. Letakkan cecamariti di atas loyang yang ditaburi tepung dan biarkan ia tidak bertutup sehingga sedia untuk dimasak.

c) Didihkan periuk besar air masin.

d) Untuk memanggang pucuk Brussels, dalam kuali tumis yang besar di atas api yang tinggi, tambahkan sedikit minyak zaitun, pancetta, pucuk Brussels dan bawang putih dan perasakan dengan garam dan lada hitam yang baru dikisar. Tumis sehingga empuk; tetap hangat.

e) Letakkan cecamariti ke dalam air mendidih dan masak sehingga ia terapung, kira-kira 1 hingga 3 minit. Masukkan ke dalam kuali dengan pucuk Brussels dan toskan hingga sebati.

f) Untuk menghidangkan, bahagikan pasta antara mangkuk. Hiaskan dengan buah tin, hazelnut dan sedikit cuka balsamic.

13. Trofie lada hitam dengan kerang

BERKHIDMAT 4–6

bahan-bahan
- Doh Semolina
- 2 Sudu Besar (12 g) lada hitam yang baru dikisar
- Minyak zaitun
- 1 mentol adas, dibelah dua, dihiris nipis
- 3 ulas bawang putih, cincang
- 1 bawang merah, dihiris
- 8 oz (227 g) sosej Itali manis, dikeluarkan dari selongsong
- 4 lb (1.8 kg) kerang leher kecil
- 1 lemon, jus dan kulit
- 1 cawan (237 ml) wain putih
- ¼ cawan (58 g) mentega tanpa garam
- Garam kosher
- Lada hitam yang baru dikisar

Arah

a) Taburkan dua helai kuali dengan tepung semolina.

b) Untuk membuat doh lada hitam, ikut arahan untuk Semolina Dough, menggabungkan lada hitam dengan bahan kering.

c) Untuk membuat trofie, potong kecil doh lada hitam dan tutup baki doh dengan bungkus plastik. Dengan tangan anda, gulungkan kepingan doh ke dalam tali kira-kira $\frac{1}{4}$ inci (6 mm) tebal. Potong kepingan doh $\frac{1}{2}$ inci (12 mm) daripada tali. Dengan tangan anda, satu persatu, gulungkan kepingan ke dalam tali kira-kira $\frac{1}{8}$ inci (3 mm) tebal dan 3 inci (7.6 cm) panjang. Menggunakan sisi tangan anda atau pengikis bangku yang diletakkan pada sudut pada doh, tolak ke bawah dengan kuat pada tepi dan seret ke arah badan anda. Ini akan memberikan trofie bentuk lingkarannya. Letakkan trofie pada kuali lembaran yang ditaburi semolina dan biarkan ia tidak bertutup sehingga sedia untuk dimasak.

d) Didihkan periuk besar air masin.

e) Untuk mengukus kerang, dalam periuk dengan api yang tinggi, tambahkan sedikit minyak zaitun, adas, bawang putih dan bawang merah. Masak selama kira-kira 2 minit atau sehingga lembut. Masukkan sosej, pecahkan dalam periuk. Masak sehingga perang keemasan. Kemudian masukkan kerang, jus lemon, semangat, wain putih, mentega, garam dan lada yang baru dikisar. Tutup dan masak sehingga kerang terbuka, kira-kira 5 hingga 7 minit.

f) Sementara itu, letakkan trofie dalam air mendidih dan masak sehingga al dente, kira-kira 1 hingga 3 minit. Masukkan pasta ke dalam periuk bersama kupang dan kacau hingga sebati.

g) Untuk menghidangkan, bahagikan pasta dan kerang antara mangkuk.

14. Lorighittas dengan tomato pusaka

BERKHIDMAT 4-6

bahan-bahan
- Doh Semolina
- Minyak zaitun
- 8 oz (227 g) tomato pusaka, dipotong menjadi kepingan
- 1 ulas bawang putih, hiris nipis
- 4 oz (113 g) 'nduja
- Garam kosher
- Lada hitam yang baru dikisar
- ¼ cawan (45 g) zaitun hitam yang diawetkan dengan minyak, diadu dan dicincang
- selasih

Arah
a) Taburkan dua helai kuali dengan tepung semolina.

b) Untuk membuat lorighittas, potong sekeping kecil doh dan tutup selebihnya dengan bungkus plastik. Dengan tangan anda, gulungkan kepingan doh ke dalam tali kira-kira 1 / 16 inci (1.5 mm) tebal. Dengan tangan anda, lilitkan tali pada tiga jari (indeks, tengah, cincin) pada tangan kanan anda dua kali. Cubit doh yang dibalut supaya melekat pada dirinya. Sekarang, dengan doh di sekeliling jari anda, mulakan menganyamnya bersama-sama untuk menghasilkan jalinan berpintal. Letakkan lorighittas pada kuali lembaran yang ditaburi semolina dan biarkan ia tidak bertutup sehingga sedia untuk dimasak.

c) Didihkan periuk besar air masin.

d) Sementara itu, dalam kuali tumis yang besar di atas api sederhana besar, masukkan sedikit minyak zaitun, tomato dan bawang putih. Masak lebih kurang seminit. Masukkan 'nduja dan pecahkan sehingga cair. Kecilkan api ke bawah dan kekalkan panas.

e) Letakkan pasta dalam air mendidih dan masak sehingga al dente, kira-kira 3 hingga 4 minit. Masukkan pasta ke dalam kuali dengan tomato dan toskan hingga sebati. Perasakan dengan garam dan lada hitam yang baru dikisar.

f) Untuk menghidangkan, bahagikan pasta antara mangkuk. Hiaskan dengan buah zaitun dan basil cincang.

15. Orecchiette dan bebola daging

BERKHIDMAT 4-6

bahan-bahan
- Doh Semolina
- SOS TOMATO
- Minyak zaitun
- 3 ulas bawang putih, cincang
- 1 cawan (237 ml) wain merah
- 2 (28-oz [794-g]) tin tomato dihancurkan
- 1 tandan selasih
- Garam kosher
- Lada hitam yang baru dikisar
- BOLA daging
- 8 oz (227 g) daging lembu kisar
- 8 oz (227 g) daging lembu kisar
- 8 oz (227 g) daging babi yang dikisar
- 2 biji telur
- ½ cawan (60 g) serbuk roti

- 1 cawan (180 g) parut Parmigiano-Reggiano
- 1 tandan daun pasli Itali, dicincang
- 2 ulas bawang putih, dikisar
- Lada merah ditumbuk, secukup rasa
- Garam kosher
- Lada hitam yang baru dikisar
- 2 keping roti putih
- Parmigiano-Reggiano, untuk parut
- Minyak zaitun
- Basil, koyak

Arah

a) Panaskan ketuhar hingga 400°F (204°C) dan taburkan dua loyang dengan tepung semolina.

b) Untuk membuat doh, ikut arahan untuk Semolina Dough. Untuk membuat orecchiette, potong sekeping kecil doh dan tutup baki doh dengan bungkus plastik. Dengan tangan anda, gulungkan kepingan doh ke dalam tali kira-kira $\frac{1}{2}$ inci (12 mm) lebar. Potong kepingan doh $\frac{1}{2}$ inci (12 mm) daripada tali. Dengan menggunakan pisau mentega, tolak ke bawah dengan kuat pada tepi doh dan seret pisau ke arah anda. Semasa doh melengkung di atas pisau, gunakan ibu jari anda untuk meleraikan doh dan buat bentuk kubah (telinga kecil). Letakkan orecchiette pada kuali dan biarkan ia tidak bertutup sehingga sedia untuk dimasak.

c) Untuk membuat sos, dalam periuk dengan api sederhana, tambah minyak zaitun dan bawang putih dan tumis selama kira-kira satu minit atau sehingga lut sinar. Masukkan wain merah dan biarkan ia berkurangan separuh. Kemudian masukkan tomato hancur, basil, garam dan lada sulah. Biarkan ia mendidih perlahan semasa anda membuat bebola daging.

d) Untuk membuat bebola daging, dalam mangkuk besar campurkan daging lembu, daging lembu, daging babi, telur, serbuk roti, Parmigiano-Reggiano, pasli, bawang putih, lada merah yang dihancurkan, garam dan lada. Rendam 2 keping roti putih dalam air dan perah lebihan. Masukkan roti ke dalam mangkuk dan gaul sebati. Menggunakan tangan anda, bentukkan adunan menjadi bebola 1 inci (2.5 cm). Ia sepatutnya lebih kecil sedikit daripada bola golf. Letakkan di atas kuali dan bakar tanpa penutup selama kira-kira 15 minit. Masukkan bebola daging ke dalam sos dan teruskan reneh selama kira-kira 30 minit.

e) Didihkan periuk besar air masin. Letakkan pasta dalam air mendidih dan masak hingga al dente, kira-kira 3 minit.

f) Dalam kuali tumis, masukkan sedikit minyak zaitun, pasta, bebola daging dan sedikit sos tomato. Tos hingga sebati.

g) Untuk menghidangkan, bahagikan pasta antara mangkuk dengan bebola daging. Hiaskan dengan Parmigiano-Reggiano yang baru diparut, minyak zaitun dan selasih.

16. Maccheroni di busa dengan brasciole

BERKHIDMAT 4-6

bahan-bahan
- Doh Semolina
- Minyak zaitun
- 3 ulas bawang putih, cincang
- 1 biji bawang besar, potong dadu kecil
- 2 lb (907 g) tomato, dicincang
- 1 tandan selasih
- Garam kosher
- Lada hitam yang baru dikisar
- 2 lb (907 g) daging brasciole (stik bulat atas), ditumbuk nipis
- Lada hitam dikisar
- 1 cawan (180 g) parut Parmigiano-Reggiano
- 1 tandan daun pasli Itali, dicincang
- Pencungkil gigi atau benang dapur
- Parmigiano-Reggiano, untuk parut

- 1 tandan selasih, koyak

Arah

a) Taburkan dua helai kuali dengan tepung semolina.

b) Untuk membuat doh, ikut arahan untuk Semolina Dough.

c) Untuk membuat maccheroni di busa, potong sekeping kecil doh dan tutup baki doh dengan bungkus plastik. Dengan tangan anda, gulungkan kepingan doh ke dalam tali kira-kira ½ inci (12 mm) lebar. Potong 2 inci (5 cm) kepingan doh dari tali.

d) Menggunakan lidi kayu, letakkan di tengah-tengah doh dan picit doh untuk mengelak di sekeliling lidi. Menggunakan tapak tangan anda dengan tekanan sekata, gulung ke hadapan dan belakang untuk menutup doh dan membuat bentuk seperti tiub. Letakkan pasta pada kuali dan biarkan ia tidak bertutup sehingga sedia untuk dimasak.

e) Untuk membuat sos, dalam periuk dengan api sederhana, masukkan minyak zaitun, bawang putih dan bawang merah dan tumis selama kira-kira satu minit atau sehingga lut sinar. Kemudian masukkan tomato cincang, basil, garam dan lada hitam yang baru dikisar. Biarkan sos mendidih perlahan semasa anda membuat brasciole.

f) Untuk membuat brasciole, letakkan daging di atas papan pemotong dan tumbuk rata. Taburkan lada, Parmigiano-Reggiano dan pasli pada setiap bahagian, tinggalkan kira-kira $\frac{1}{4}$ inci (6 mm) di sekeliling tepi. Bermula pada satu hujung, mulakan dengan ketat menggulung daging. Selamatkan dengan pencungkil gigi atau tali leher dengan benang dapur.

g) Dalam kuali tumis yang besar, tuangkan minyak zaitun dan goreng brasciole pada semua bahagian sehingga perang. Masukkan brasciole perang ke dalam periuk dan biarkan ia mendidih sekurang-kurangnya 1 jam.

h) Didihkan periuk besar air masin. Letakkan pasta dalam air mendidih dan masak hingga al dente, kira-kira 3 minit.

i) Dalam kuali tumis, masukkan sedikit minyak zaitun, pasta dan sedikit sos tomato. Tos hingga sebati.

j) Untuk menghidangkan, bahagikan pasta antara mangkuk dengan brasciole. Hiaskan dengan Parmigiano-Reggiano dan selasih yang baru diparut.

17. Gnocchetti dengan udang & pesto

BERKHIDMAT 4-6

bahan-bahan
- Doh Semolina
- PISTACIO PESTO
- 1 cawan (150 g) pistachio
- 1 tandan pudina
- 1 ulas bawang putih
- ½ cawan (50 g) parut Pecorino Romano
- ½ cawan (118 ml) minyak zaitun
- Garam kosher
- Lada hitam yang baru dikisar
- 8 oz (227 g) kacang fava
- Minyak zaitun
- 3 ulas bawang putih, cincang
- 2 lb (907 g) udang besar, dibersihkan
- Lada merah ditumbuk, secukup rasa
- Garam kosher
- Lada hitam yang baru dikisar

- ¼ cawan (59 ml) wain putih
- 1 lemon, diperah

Arah

a) Taburkan dua helai kuali dengan tepung semolina.

b) Untuk membuat gnocchetti, potong sekeping kecil doh dan tutup baki doh dengan bungkus plastik. Dengan tangan anda, gulungkan kepingan doh ke dalam tali kira-kira ½ inci (12 mm) tebal. Potong kepingan doh ½ inci (12 mm) daripada tali. Dengan ibu jari anda, perlahan-lahan tolak kepingan doh ke atas papan gnocchi, gulungkannya dari badan anda supaya ia menghasilkan sedikit lekukan. Letakkan gnocchetti pada kuali lembaran yang ditaburi semolina dan biarkan ia tidak bertutup sehingga sedia untuk dimasak.

c) Untuk membuat pesto pistachio, dalam pemproses makanan, masukkan pistachio, pudina, bawang putih, Pecorino Romano, minyak zaitun, garam dan lada hitam yang baru dikisar, dan proses sehingga tulen.

d) Sediakan semangkuk air batu. Keluarkan kacang fava dari pod. Rebus kacang fava dengan memasaknya dalam air mendidih sehingga lembut, kira-kira 1 minit. Keluarkan dari air dan letakkan di dalam tab mandi ais. Apabila cukup sejuk, keluarkan dari air dan ketepikan dalam mangkuk. Keluarkan lapisan luar berlilin kacang dan buang.

e) Didihkan periuk besar air masin. Sementara itu, dalam kuali tumis yang besar di atas api yang tinggi, masukkan sedikit minyak zaitun, bawang putih, udang, lada merah yang dihancurkan, garam dan lada hitam yang baru dikisar. Semasa udang masak, jatuhkan pasta ke dalam air mendidih dan masak sehingga al dente, kira-kira 3 hingga 4 minit. Masukkan pasta ke dalam kuali tumis dengan wain putih dan biarkan masak sehingga wain berkurangan separuh, kira-kira seminit.

f) Untuk menghidangkan, bahagikan pasta antara mangkuk. Hiaskan dengan kulit limau dan pesto pistachio.

18. Ciciones dengan rebusan lentil

BERKHIDMAT 4-6

bahan-bahan
- Doh Semolina
- 6–8 utas kunyit
- 1 cawan (200 g) lentil kering
- Minyak zaitun
- 1 biji bawang besar, potong dadu kecil
- 1 lobak merah, potong dadu kecil
- 1 batang saderi, potong dadu kecil
- 2 ulas bawang putih, dihiris
- ¼ cawan (59 ml) wain merah
- 1½ cawan (355 ml) stok sayuran
- 1 (28-oz [794-g]) boleh dihancurkan tomato San Marzano
- 1 daun salam
- Garam kosher
- Lada hitam yang baru dikisar

19. Casarecce dengan articok & scamorza

BERKHIDMAT 4–6

bahan-bahan
- Doh Semolina
- 2 lb (907 g) articok bayi
- Minyak zaitun
- Garam kosher
- Lada hitam yang baru dikisar
- ¼ cawan (58 g) mentega tanpa garam
- Lemon, jus dan kulit
- Scamorza, untuk parut
- pasli cincang

Arah

a) Panaskan ketuhar hingga 400°F (204°C) dan taburkan dua loyang dengan tepung semolina.

b) Untuk membuat casarecce, potong sekeping kecil doh dan tutup baki doh dengan bungkus plastik. Dengan tangan anda, gulungkan kepingan doh ke dalam tali kira-kira ½ inci (12 mm) tebal. Potong

2 inci (5 cm) kepingan doh dari tali. Menggunakan lidi kayu, letakkan di tengah-tengah doh dan tekan perlahan-lahan dan gerakkan tangan anda ke arah yang bertentangan. Doh akan melengkung di atas lidi dan membuat rupa berpintal. Keluarkan lidi dengan berhati-hati dan letakkan casarecce pada kuali semolina yang telah disapu debu dan biarkan ia tidak bertutup sehingga sedia untuk dimasak.

c) Sediakan articok dengan mengupas lapisan luar sehingga anda mencapai daun dalaman hijau pucat. Potong kira-kira 1 inci (2.5 cm) dari bahagian atas dan kemudian potong articok separuh memanjang. Isikan mangkuk besar dengan air dan perahkan jus 1 lemon ke dalam mangkuk, masukkan bahagian limau juga. Letakkan articok yang telah dipotong ke dalam mangkuk berisi air lemon. Apabila semua articok bersih, toskan dengan baik dan letakkan di atas kuali. Taburkan dengan minyak zaitun, garam dan lada yang baru dikisar dan panggang sehingga garing, kira-kira 25 hingga 30 minit.

d) Didihkan periuk besar air masin. Sementara itu, dalam kuali tumis yang besar dengan api sederhana, masukkan mentega, jus lemon dan kulit limau.

e) Letakkan casarecce dalam air mendidih dan masak sehingga al dente, kira-kira 4 hingga 6 minit. Masukkan pasta dan articok ke dalam kuali dengan mentega dan toskan untuk menggabungkan. Perasakan dengan garam dan lada hitam yang baru dikisar.

f) Untuk menghidangkan, bahagikan pasta antara mangkuk. Hiaskan dengan scamorza parut dan pasli cincang.

20. Mezzi paccheri dengan kacang

BERKHIDMAT 4–6

bahan-bahan
- Doh Semolina
- Minyak zaitun
- 1 biji bawang besar, potong dadu kecil
- 3 ulas bawang putih, dikisar
- 2 cawan (302 g) kacang
- 2 (28-oz [794-g]) tin tomato dihancurkan
- 1 sudu kecil lada merah ditumbuk
- Garam kosher
- Lada hitam yang baru dikisar
- Basil, koyak
- Parmigiano-Reggiano, untuk parut

Arah

a) Taburkan dua helai kuali dengan tepung semolina.

b) Untuk membuat mezzi paccheri, potong sekeping kecil doh dan tutup selebihnya dengan bungkus plastik. Dengan tangan anda, gulungkan kepingan doh ke dalam tali setebal kira-kira 1 inci (2.5 cm). Potong 1 inci (2.5 cm) kepingan doh dari tali. Menggunakan pin penggelek, gulungkan kepingan yang dipotong setebal 1 / 16 inci (1.6 mm). Letakkan pemegang sudu kayu di tepi helaian secara memanjang dan mula gulungkan helaian di atas pemegang. Menggunakan tapak tangan anda untuk menggunakan tekanan, gulung ke hadapan dan belakang untuk mengelak dan mencipta bentuk seperti tiub pendek. Keluarkan pemegangnya dengan berhati-hati dan letakkan paccheri pada kuali lembaran yang telah di habuk semolina dan biarkan ia tidak bertutup sehingga sedia untuk dimasak.

c) Untuk membuat sos, dalam periuk bersaiz sederhana di atas api sederhana, tambahkan sedikit minyak zaitun dan tumis bawang dan bawang putih sehingga lut sinar, kira-kira 3 minit. Kemudian masukkan kacang polong, tomato hancur dan lada merah yang telah dihancurkan. Perasakan dengan garam dan lada hitam yang baru dikisar. Kecilkan api dan reneh selama kira-kira 30 minit.

d) Didihkan periuk besar air masin. Letakkan pasta di dalam air dan masak sehingga al dente, kira-kira 3 hingga 4 minit. Masukkan pasta dengan sos dan gaul rata.

e) Untuk menghidangkan, bahagikan pasta antara mangkuk. Hiaskan dengan selasih yang baru koyak dan parutan Parmigiano-Reggiano.

21. Strozzapreti dengan ketam

BERKHIDMAT 4-6

bahan-bahan
- Doh Semolina
- 8 oz (227 g) tomato hijau
- Minyak zaitun
- 3 ulas bawang putih, dihiris
- Lada merah ditumbuk, secukup rasa
- 8 oz (227 g) daging ketam, dijemput
- Garam kosher
- Lada hitam yang baru dikisar
- Basil, dihiris nipis
- 1 lemon, diperah

Arah

a) Taburkan dua helai kuali dengan tepung semolina.

b) Untuk membuat strozzapreti, bahagikan doh kepada empat bahagian. Letakkan satu bahagian di atas permukaan kerja yang ditaburkan sedikit tepung dan tutup baki doh dengan bungkus plastik. Mulakan menggulung doh sehingga kira-kira ⅓ inci (8 mm) tebal. Dengan menggunakan pisau, potong doh yang digulung menjadi jalur 1½ inci (4 cm). Untuk membentuk strozzapreti, ambil satu jalur dan letakkan di antara tapak tangan anda. Menggunakan gerakan ke belakang dan ke belakang yang lembut, gosokkan doh di antara tangan anda untuk menghasilkan bentuk seperti tiub berpintal. Koyakkan dan picit doh yang digulung untuk menghasilkan kepingan 4 inci (10 cm). Letakkan strozzapreti pada kuali lembaran yang ditaburi semolina dan biarkan ia tidak bertutup sehingga sedia untuk dimasak.

c) Untuk menyediakan tomato hijau, bawa periuk air bersaiz sederhana hingga mendidih. Cores tomato dan gunakan pisau tajam untuk menjaringkan bahagian bawah tomato dengan X. Sediakan mangkuk berisi air ais. Letakkan tomato dalam air mendidih dan keluarkan selepas kira-kira 30 saat. Letakkannya di dalam mangkuk dengan air ais. Apabila cukup sejuk untuk dikendalikan, kupas dan potong tomato.

d) Didihkan periuk besar air masin.

e) Dalam kuali tumis yang besar dengan api yang tinggi, masukkan sedikit minyak zaitun, tomato hijau, bawang putih dan lada merah yang dihancurkan. Masak selama kira-kira 2 minit, tos kerap. Masukkan ketam dan perasakan dengan garam dan lada sulah. Tetap hangat.

f) Letakkan strozzapreti dalam air mendidih dan masak sehingga al dente, kira-kira 3 hingga 4 minit. Masukkan pasta ke dalam tomato hijau dan gaul hingga sebati.

g) Untuk menghidangkan, bahagikan pasta antara bowil dan lemls. Hiaskan dengan basil, zaitun zaitun zest.

GNOCCHI DAN GNUDI

22. Gnudi kuning telur dengan truffle

BERKHIDMAT 4-6

bahan-bahan
- 2 cawan (454 g) keju ricotta
- 4 biji kuning telur
- 1 cawan (180 g) parut Parmigiano-Reggiano
- Garam kosher
- Lada hitam yang baru dikisar
- ½ cawan (64 g) 00 tepung, ditambah lagi untuk habuk
- ½ cawan (115 g) mentega tanpa garam
- Garam kosher
- Lada hitam yang baru dikisar
- Parmigiano-Reggiano, parut
- 1 truffle hitam segar, dicukur

Arah

a) Taburkan dua loyang dengan 00 tepung.

b) Untuk membuat gnudi, campurkan keju ricotta, kuning telur, Parmigiano-

Reggiano, garam dan lada hitam dalam mangkuk sehingga sebati. Masukkan tepung 00 dan kacau sehingga sebati dan adunan sebati. Menggunakan dua sudu besar, bentukkan doh menjadi bentuk bola sepak dan letakkan di atas loyang yang telah ditaburi tepung. Habuk dengan lebih banyak tepung. Pastikan gnudi tidak bersentuhan atau ia akan melekat bersama. Sejukkan sehingga sedia untuk digunakan.

c) Didihkan periuk besar air masin.

d) Sementara itu, cairkan mentega dalam kuali tumis yang besar dengan api sederhana.

e) Setelah air mendidih dengan cepat, kecilkan api hingga mendidih dan letakkan gnudi kuning telur di dalam air dengan berhati-hati dan masak selama kira-kira 1 hingga 2 minit atau sehingga ia terapung. Menggunakan sudu berlubang, masukkan gnudi ke dalam kuali dengan mentega cair. Perasakan dengan garam dan lada hitam yang baru dikisar.

f) Untuk menghidang, bahagikan gnudi antara mangkuk. Hiaskan dengan Parmigiano-Reggiano yang baru diparut dan serutan truffle.

23. Gnocchi labu dengan pancetta

BERKHIDMAT 4-6

bahan-bahan

- ½ cawan (114 g) keju ricotta
- ½ cawan (90 g) puri labu
- 2 biji telur
- 3 cawan (381 g) 00 tepung
- ½ sudu teh halia kisar
- 1 sudu teh pala, parut
- ½ sudu teh bunga cengkih yang dikisar
- 1 Sudu Besar (8 g) kayu manis
- ½ sudu teh lada sulah
- Garam kosher
- Lada hitam yang baru dikisar
- Minyak zaitun extra-virgin
- 8 oz (227 g) Swiss chard, batang dibuang
- ½ cawan (50 g) parut Pecorino Romano
- 2 ulas bawang putih
- 1 tandan selasih

- ½ cawan (63 g) kacang pignoli, dibakar
- Garam kosher
- Lada hitam yang baru dikisar
- 1 cawan (237 ml) minyak zaitun
- 8 oz (227 g) pancetta, dipotong menjadi kepingan ½ inci (12 mm).
- Pecorino Romano

Arah

a) Taburkan dua loyang dengan 00 tepung.

b) Untuk membuat adunan gnocchi, campurkan keju ricotta, pure labu dan telur dalam mangkuk sehingga sebati. Dalam mangkuk yang berasingan, campurkan tepung 00, halia, buah pala parut, bunga cengkih, kayu manis, lada sulah, garam dan lada hitam yang baru dikisar.

c) Masukkan bancuhan tepung ke dalam bancuhan labu-ricotta dan kacau sehingga sebati dan adunan membentuk bebola.

d) Di atas permukaan yang ditaburi sedikit tepung, uli doh perlahan-lahan selama kira-kira 3 minit.

e) Untuk membuat gnocchi, potong sekeping kecil doh labu dan tutup selebihnya dengan bungkus plastik. Dengan tangan anda, gulungkan kepingan doh ke dalam tali kira-kira 1 inci (2.5 cm) lebar. Potong 1 inci (2.5 cm) kepingan doh dari tali. Menggunakan papan gnocchi atau garpu, gulungkan gnocchi yang dipotong dengan teliti di atas papan untuk membentuk permukaan bertekstur.

f) Letakkan gnocchi labu di atas kuali lembaran tepung dan pastikan gnocchi tidak bersentuhan atau ia akan melekat bersama. Sejukkan sehingga sedia untuk digunakan.

g) Untuk membuat pesto Swiss chard, salutkan kuali tumis yang besar dengan sedikit minyak zaitun extra-virgin, masukkan Swiss chard dan masak sehingga layu.

h) Dalam pemproses makanan, masukkan chard layu, Pecorino Romano, bawang putih, basil, kacang pignoli, garam dan lada hitam yang baru dikisar. Perlahan-lahan tuangkan minyak zaitun dan proses sehingga puri.

i) Didihkan periuk besar air masin.

j) Sementara itu, dalam kuali tumis yang besar dengan api sederhana, masukkan pancetta dan masak sehingga lemak benar-benar keluar dan garing, kira-kira 5 minit.

k) Berhati-hati letakkan gnocchi dalam air mendidih dan masak sehingga ia terapung, kira-kira 2 hingga 3 minit. Menggunakan sudu berlubang, masukkan gnocchi labu ke dalam kuali pancetta dan toskan hingga sebati.

l) Untuk menghidangkan, bahagikan gnocchi antara mangkuk. Hiaskan dengan Pecorino Romano yang baru diparut dan pesto chard Swiss.

24. Gnocchi keledek dengan prosciutto

BERKHIDMAT 4-6

bahan-bahan

- 1 lb (455 g) ubi keledek, dibelah dua memanjang
- Minyak zaitun
- Garam kosher
- Lada hitam yang baru dikisar
- 1 cawan (180 g) parut Parmigiano-Reggiano
- 1 cawan (227 g) keju ricotta
- 2 cawan (254 g) 00 tepung, ditambah lagi untuk habuk
- 4 oz (113 g) prosciutto di Parma, dihiris nipis
- ½ cawan (115 g) mentega tanpa garam
- 3 tangkai thyme
- Garam kosher
- Lada hitam yang baru dikisar
- Parmigiano-Reggiano

- ¼ cawan (30 g) pecan cincang, dibakar

Arah

a) Panaskan ketuhar hingga 400°F (204°C) dan taburkan dua loyang dengan tepung 00.

b) Untuk membuat adunan gnocchi, taburkan kentang dengan minyak zaitun dan perasakan dengan garam dan lada hitam yang baru dikisar. Letakkan pada kuali, potong ke bawah, dan panggang sehingga garpu lembut, kira-kira 30 minit.

c) Ketepikan sehingga cukup sejuk untuk dikendalikan. Angkat daging daripada kulitnya, kemudian masukkan daging melalui periuk kentang (atau tumbuk dengan belakang garpu) dan campurkan ubi keledek yang dilecek, parutan Parmigiano-Reggiano, keju ricotta, garam halal dan lada hitam yang baru dikisar dalam mangkuk sehingga sebati. Masukkan tepung 00 dan kacau sehingga sebati dan adunan menjadi bebola. Pada permukaan yang ditaburi sedikit tepung, uli doh perlahan-lahan selama kira-kira 3 minit.

d) Untuk membuat gnocchi, potong sekeping kecil adunan ubi keledek dan tutup selebihnya dengan bungkus plastik. Dengan tangan anda, gulungkan kepingan doh ke dalam tali kira-kira 1 inci (2.5 cm) lebar. Potong 1 inci (2.5 cm) kepingan doh dari tali. Menggunakan papan gnocchi atau garpu, gulungkan gnocchi yang dipotong dengan teliti ke atas papan untuk membentuk permukaan bertekstur. Letakkan gnocchi ubi keledek pada kuali lembaran tepung dan pastikan gnocchi tidak bersentuhan atau ia akan melekat bersama. Sejukkan sehingga sedia untuk digunakan.

e) Letakkan prosciutto pada kuali lembaran yang dialas kertas dan bakar sehingga garing, kira-kira 6 minit.

f) Didihkan periuk besar air masin. Sementara itu, dalam kuali tumis yang besar pada api sederhana sederhana, tambah mentega dan thyme dan masak sehingga perang dan mempunyai aroma pedas, kira-kira 3 hingga 4 minit. Keluarkan tangkai thyme dan buang.

g) Berhati-hati letakkan gnocchi dalam air mendidih dan masak sehingga ia terapung, kira-kira 2 hingga 3 minit. Menggunakan sudu berlubang, masukkan gnocchi ubi keledek ke dalam mentega perang dan toskan hingga sebati. Perasakan dengan garam dan lada hitam yang baru dikisar. Untuk menghidangkan, bahagikan gnocchi antara pinggan. Hiaskan dengan Parmigiano-Reggiano yang baru diparut, prosciutto di Parma yang hancur dan pecan yang dicincang.

25. Tanjakan gnudi dan grana padano

BERKHIDMAT 4-6

bahan-bahan

- Minyak zaitun
- 2½ lb (1.1 kg) tanjakan, dicincang
- 2 cawan (454 g) keju ricotta
- 2 biji telur
- 1 cawan (100 g) parut Grana Padano
- Garam kosher
- Lada hitam yang baru dikisar
- ½ cawan (64 g) 00 tepung, ditambah lagi untuk habuk
- ½ cawan (115 g) mentega tanpa garam
- 1 tandan thyme
- Garam kosher
- Lada hitam yang baru dikisar
- Grana Padano

Arah

a) Taburkan dua loyang dengan 00 tepung.

b) Untuk membuat gnudi, dalam kuali tumis di atas api yang tinggi, tambahkan sedikit minyak zaitun dan tanjakan cincang. Masak sehingga layu, kira-kira 1 hingga 2 minit. Dalam mangkuk, campurkan tanjakan layu, keju ricotta, telur, Grana Padano, garam dan lada hitam yang baru dikisar sehingga sebati. Masukkan tepung 00 dan kacau sehingga sebati dan adunan menjadi bebola. Menggunakan tangan atau sudu kecil, bentukkan adunan menjadi bebola 1 inci (2.5 cm) (lebih kecil sedikit daripada bola golf) dan letakkan di atas loyang yang ditaburkan tepung. Habuk dengan lebih banyak tepung. Pastikan gnudi tidak bersentuhan atau ia akan melekat bersama. Sejukkan sehingga sedia untuk digunakan.

c) Didihkan periuk besar air masin.

d) Sementara itu, dalam kuali tumis yang besar, pada api sederhana sederhana, masukkan mentega dan thyme dan masak sehingga perang dan mempunyai aroma pedas, kira-kira 10 hingga 12 minit.

e) Setelah air mendidih dengan cepat, kecilkan api hingga mendidih dan letakkan gnudi di dalam air dengan berhati-hati dan masak selama kira-kira 1 hingga 2 minit atau sehingga ia terapung. Menggunakan sudu berlubang masukkan gnudi ramp ke dalam kuali dengan mentega perang. Perasakan dengan garam dan lada hitam yang baru dikisar.

f) Untuk menghidangkan, bahagikan gnudi antara pinggan. Hiaskan dengan Grana Padano yang baru diparut.

26. Bit gnocchi dengan ricotta biri-biri

BERKHIDMAT 4-6

bahan-bahan
- 1 lb (454 g) bit merah, digosok dan dikupas, dibelah empat
- Minyak zaitun
- Garam kosher
- Lada hitam yang baru dikisar
- 2 cawan (454 g) ricotta susu biri-biri
- 3 biji telur
- 1 cawan (180 g) parut Parmigiano-Reggiano
- 1 cawan (127 g) 00 tepung, ditambah lagi untuk habuk
- $\frac{1}{4}$ cawan (58 g) mentega tanpa garam
- 6 helai daun sage
- Garam kosher
- Lada hitam yang baru dikisar
- Parmigiano-Reggiano

Panaskan ketuhar hingga 400°F (204°C) dan taburkan dua loyang dengan tepung 00.

Arah

a) Untuk membuat gnocchi, letakkan bit pada kuali lembaran dan gerimis dengan minyak zaitun, dan perasakan dengan garam halal dan lada hitam yang baru dikisar. Panggang sehingga garpu lembut, kira-kira 45 minit.

b) Ketepikan sehingga cukup sejuk untuk dikendalikan. Lulus bit melalui ricer kentang (atau tumbuk dengan belakang garpu) dan campurkan bit, ricotta susu biri-biri, telur, Parmigiano-Reggiano, garam halal dan lada hitam yang baru dikisar dalam mangkuk sehingga sebati. Masukkan tepung 00 dan kacau sehingga sebati dan adunan menjadi bebola.

c) Untuk membuat gnocchi, potong sekeping kecil doh bit dan tutup selebihnya dengan bungkus plastik. Dengan tangan anda, gulungkan kepingan doh ke dalam tali kira-kira 1 inci (2.5 cm) lebar. Potong 1 inci (2.5 cm) kepingan doh dari tali.

Menggunakan papan gnocchi, gulungkan gnocchi yang dipotong dengan teliti ke atas papan untuk membentuk permukaan bertekstur (atau gunakan garpu). Letakkan bit gnocchi pada kuali lembaran tepung dan pastikan gnocchi tidak bersentuhan atau ia akan melekat bersama. Sejukkan sehingga sedia untuk digunakan.

d) Dalam kuali tumis yang besar, pada api sederhana sederhana, masukkan mentega dan masak sehingga perang dan mempunyai aroma pedas, kira-kira 3 hingga 4 minit. Masukkan daun sage.

e) Didihkan periuk besar air masin.

f) Setelah air mendidih dengan cepat, kecilkan api dan letakkan gnocchi dengan teliti di dalam air dan masak selama kira-kira 1 hingga 2 minit atau sehingga ia terapung. Menggunakan sudu berlubang masukkan gnocchi bit ke dalam kuali dengan mentega perang dan bijak. Perasakan dengan garam dan lada hitam yang baru dikisar.

g) Untuk menghidangkan, bahagikan gnocchi antara pinggan. Hiaskan dengan Parmigiano-Reggiano yang baru diparut.

27. Saffron gnocchi dengan udang galah rebus

BERKHIDMAT 4-6

bahan-bahan

- 2½ lb (1.1 kg) ubi kentang merah
- Minyak zaitun
- Garam kosher
- Lada hitam yang baru dikisar
- 1 biji telur
- 6-8 utas kunyit
- 1 cawan (227 g) keju ricotta
- 1½ cawan (191 g) 00 tepung, ditambah lagi untuk habuk
- Minyak zaitun
- 1 ulas bawang putih, cincang
- 1 (28-oz [794-g]) tin tomato dihancurkan
- Lada merah ditumbuk, secukup rasa
- LOBSTER REBAK MENTEGA
- 2 (1½-lb [680-g]) udang galah atau 3 ekor udang galah

- 2 cawan (460 g) mentega tanpa garam

- 2 Sudu Besar (30 ml) vanila

- 1 ulas bawang putih, ditumbuk

- 1 tandan tarragon

- Tarragon, dicincang

- 1 lemon, diperah

Arah

a) Panaskan ketuhar hingga 400°F (204°C) dan taburkan dua loyang dengan tepung 00.

b) Untuk membuat adunan gnocchi, taburkan kentang dengan minyak zaitun, dan perasakan dengan garam halal dan lada hitam yang baru dikisar. Letakkannya di atas kuali, potong ke bawah, dan panggang sehingga garpu lembut, kira-kira 30 minit. Dalam mangkuk pukul telur, masukkan benang kunyit dan biarkan curam selama kira-kira 3 hingga 4 minit. Apabila kentang cukup sejuk untuk dikendalikan, cedok daging daripada kulitnya, kemudian masukkan daging melalui periuk kentang (atau tumbuk dengan belakang garpu).

c) Campurkan kentang tumbuk, keju ricotta, campuran telur-saffron, garam halal dan lada hitam yang baru dikisar dalam mangkuk sehingga sebati. Masukkan tepung 00 dan kacau sehingga sebati dan adunan menjadi bebola. Di atas permukaan yang ditaburi sedikit tepung, uli doh perlahan-lahan selama kira-kira 3 minit.

d) Untuk membuat gnocchi, potong sekeping kecil doh kunyit dan tutup selebihnya dengan bungkus plastik. Dengan tangan anda, gulungkan kepingan doh ke dalam tali kira-kira 1 inci (2.5 cm) lebar. Potong 1 inci (2.5 cm) kepingan doh dari tali. Menggunakan papan gnocchi, gulungkan gnocchi yang dipotong dengan teliti ke atas papan untuk membentuk permukaan bertekstur (anda juga boleh menggunakan garpu). Letakkan gnocchi kunyit di atas kuali lembaran tepung dan pastikan gnocchi tidak bersentuhan atau ia akan melekat bersama. Sejukkan sehingga sedia untuk digunakan.

e) Untuk membuat sos, dalam periuk di atas api sederhana tinggi, tambahkan sedikit minyak zaitun dan bawang putih dan masak selama kira-kira satu minit. Masukkan tin tomato hancur dan kepingan lada merah. Perasakan secukup rasa dengan garam dan lada hitam yang baru dikisar. Biarkan sos mendidih tanpa ditutup selama kira-kira 30 minit.

f) Untuk membuat udang galah yang direbus mentega, masak periuk besar air sehingga mendidih. Letakkan udang galah ke dalam periuk, tutup dan biarkan masak selama 4 minit. Keluarkan udang galah dan ketepikan sehingga cukup sejuk untuk dikendalikan. Keluarkan semua daging udang galah dari kulitnya dan potong menjadi kepingan besar. Dalam periuk sederhana dengan api perlahan, masukkan mentega, vanila, bawang putih dan tarragon. Setelah mentega cair, masukkan kepingan udang galah dan biarkan udang masak selama kira-kira 5 minit. Pastikan adunan mentega tidak mendidih.

g) Didihkan periuk besar air masin.

h) Sementara itu, dalam kuali tumis yang besar dengan api perlahan, masukkan udang galah yang direbus mentega dan sedikit sos tomato.

i) Letakkan gnocchi dengan berhati-hati dalam air mendidih dan masak sehingga lembut, kira-kira 2 hingga 3 minit. Dengan menggunakan sudu berlubang masukkan gnocchi kunyit ke dalam kuali bersama udang galah dan gaul hingga sebati. Perasakan dengan garam dan lada hitam yang baru dikisar.

j) Untuk menghidangkan, bahagikan gnocchi dan udang galah antara mangkuk. Hiaskan dengan tarragon cincang dan kulit lemon.

28. Gnocchi kentang panggang dengan robiola

BERKHIDMAT 4-6

bahan-bahan
- 2½ lb (1.1 kg) kentang russet, potong memanjang
- 1 biji bawang putih
- Minyak zaitun
- Garam kosher
- Lada hitam yang baru dikisar
- 4 tangkai rosemary
- 2 cawan (454 g) keju ricotta
- 1 biji telur
- 2 cawan (254 g) 00 tepung, ditambah lagi untuk habuk
- ½ cawan (45 g) tepung berangan
- 2 biji limau, satu diperah
- 4 articok sederhana
- ¼ cawan (59 ml) minyak zaitun
- 1 biji bawang besar, potong dadu

- 2 ulas bawang putih, ditumbuk
- 1 tandan pasli
- 1 cawan (237 ml) wain putih
- 1 cawan (237 ml) stok ayam
- ½ cawan (115 g) mentega tanpa garam
- 8 oz (227 g) keju robiola
- ¼ cawan (59 ml) krim pekat
- ¼ cawan (60 g) caper, dicincang
- Pasli daun rata Itali, dicincang
- Lada hitam yang baru dikisar

Arah

a) Panaskan ketuhar hingga 400°F (204°C) dan taburkan dua loyang dengan tepung 00.

b) Untuk membuat adunan gnocchi, taburkan kentang dan mentol bawang putih keseluruhan dengan minyak zaitun, dan perasakan dengan garam halal dan lada hitam yang baru dikisar. Letakkan pada kuali, potong ke bawah, dengan tangkai rosemary, dan panggang sehingga garpu lembut, kira-kira 30 minit. Ketepikan sehingga cukup sejuk untuk dikendalikan. Keluarkan daging dari kulitnya, perah bawang putih dan kemudian masukkan daging melalui periuk kentang (atau tumbuk dengan belakang garpu) dan campurkan kentang tumbuk, bawang putih, keju ricotta, telur, garam dan lada sulah dalam mangkuk sehingga digabungkan dengan baik. Masukkan tepung 00 dan tepung berangan, kacau sehingga sebati dan adunan menjadi bebola. Pada permukaan yang ditaburi sedikit tepung, uli doh perlahan-lahan selama kira-kira 3 minit.

c) Untuk membuat gnocchi, potong sekeping kecil doh kentang panggang dan tutup baki doh dengan bungkus plastik. Dengan tangan anda, gulungkan kepingan doh ke dalam tali kira-kira 1 inci (2.5 cm) lebar. Potong 1 inci (2.5 cm) kepingan doh dari tali. Dengan menggunakan papan gnocchi, gulungkan gnocchi yang dipotong dengan teliti ke atas papan untuk membentuk permukaan bertekstur (anda boleh menggunakan garpu). Letakkan gnocchi kentang panggang pada kuali lembaran tepung dan pastikan gnocchi tidak bersentuhan atau ia akan melekat bersama. Sejukkan sehingga sedia untuk digunakan.

d) Untuk memerah articok, isi mangkuk besar dengan air dan perah jus 1 lemon ke dalam mangkuk, masukkan bahagian limau juga. Bilas setiap articok dan potong $\frac{1}{2}$ inci (12 mm) dari tangkai. Potong 1 inci (2.5 cm) dari bahagian atas setiap articok. Kemudian potong setiap articok kepada separuh, dari tangkai ke hujung, dan keluarkan tercekik dengan sudu. Keluarkan daun luar yang keras dan potong bahagian luar tangkai dengan pisau pengupas. Masukkan articok yang disediakan ke dalam mangkuk air lemon untuk mengelakkannya daripada keperangan. Dalam periuk besar di atas api sederhana, masukkan minyak zaitun, bawang besar, bawang putih dan pasli dan masak selama kira-kira 3 minit atau sehingga bawang lut sinar. Masukkan articok yang telah dibersihkan dan wain putih. Biarkan wain putih berkurang separuh, kira-kira 2 minit. Masukkan stok ayam, perahan 1 lemon dan mentega,

e) Didihkan periuk besar air masin.

f) Untuk membuat fonduta, gabungkan robiola dan krim kental dalam kuali tumis besar di atas api sederhana sederhana. Masak, pukul dengan kerap, sehingga keju cair dan licin, kira-kira 10 minit. Kecilkan api untuk memastikan sos tetap hangat semasa gnocchi masak.

g) Letakkan gnocchi dengan berhati-hati dalam air mendidih dan masak sehingga lembut, kira-kira 2 hingga 3 minit. Masukkan articok, caper dan gnocchi yang direbus ke dalam sos robiola dan gaulkan hingga sebati.

h) Untuk menghidangkan, bahagikan gnocchi antara mangkuk. Hiaskan dengan pasli cincang dan lada hitam yang baru dikisar.

29. Chickpea gnudi dengan tomato

BERKHIDMAT 4-6

bahan-bahan

- 2 cawan (454 g) keju ricotta
- 1 biji kuning telur
- Garam kosher
- Lada hitam yang baru dikisar
- 1½ cawan (252 g) tepung semolina
- 1½ cawan (138 g) tepung kacang ayam
- 1 lb (454 g) tomato pusaka bayi, dibelah dua
- 2 ulas bawang putih, hiris nipis
- Basil, koyak
- ¼ cawan (59 ml) minyak zaitun
- Garam kosher
- Lada hitam yang baru dikisar
- Pecorino Romano, untuk parut

Arah

a) Taburkan dua helai kuali dengan tepung semolina.

b) Untuk membuat gnudi, campurkan ricotta, kuning telur, garam dan lada hitam yang baru dikisar dalam mangkuk sehingga sebati. Masukkan tepung semolina dan tepung chickpea, dan kacau sehingga sebati dan adunan menjadi bebola.

c) Menggunakan tangan anda atau sudu kecil, bentukkan adunan menjadi bola 1 inci (2.5 cm) (ia sepatutnya lebih kecil sedikit daripada bola golf). Letakkannya di atas kuali lembaran yang ditaburkan semolina. Habuk dengan lebih banyak semolina. Pastikan gnudi tidak bersentuhan atau ia akan melekat bersama. Sejukkan sehingga sedia untuk dimasak.

d) Dalam mangkuk adunan yang besar, masukkan tomato, bawang putih, basil, minyak zaitun, garam dan lada hitam yang baru dikisar. Biarkan ia perap lebih kurang 10 minit.

e) Setelah air mendidih dengan cepat, kecilkan api hingga mendidih dan letakkan gnudi di dalam air dengan berhati-hati dan masak selama kira-kira 1 hingga 2 minit atau sehingga ia terapung. Menggunakan sudu berlubang masukkan gnudi kacang ayam ke dalam mangkuk dengan tomato pusaka yang diperap dan toskan hingga sebati.

f) Untuk menghidangkan, bahagikan gnudi antara pinggan. Hiaskan dengan Pecorino Romano yang baru diparut.

30. Gnocchi verdi dengan provolone fonduta

BERKHIDMAT 4-6

bahan-bahan

- 1 lb (455 g) kentang emas Yukon
- Minyak zaitun
- ¼ paun (113 g) bayam segar
- 1¼ cawan (210 g) tepung semolina, ditambah lagi untuk habuk
- 1 cawan (227 g) keju ricotta
- 2 biji telur
- ⅛ sudu teh buah pala yang baru diparut
- Garam kosher
- Lada hitam yang baru dikisar
- 8 oz (227 g) keju provolon
- 1 cawan (237 ml) krim pekat
- Lada hitam yang baru dikisar

Arah

a) Taburkan dua helai kuali dengan tepung semolina.

b) Dalam periuk sederhana, tutup kentang dengan air sejuk. Didihkan air dengan api yang tinggi dan masak sehingga kentang empuk, kira-kira 15 minit. Toskan dengan baik dan ketepikan sehingga cukup sejuk untuk dikendalikan. Sementara itu, dalam kuali tumis, masukkan minyak zaitun dan bayam. Masak hingga layu. Kupas kentang dan kemudian masukkan daging melalui ricer kentang (atau tumbuk dengan belakang garpu) dan campurkan kentang tumbuk, bayam layu, tepung semolina, ricotta, telur, buah pala, garam dan lada hitam yang baru dikisar dalam mangkuk sehingga sebati. . Di atas permukaan yang ditaburi sedikit tepung, uli doh perlahan-lahan selama kira-kira 3 minit

c) Untuk membuat gnocchi, potong sekeping kecil doh gnocchi dan tutup selebihnya dengan bungkus plastik. Dengan tangan anda, gulungkan kepingan doh ke dalam tali kira-kira 1 inci (2.5 cm) lebar. Potong 1 inci (2.5 cm) kepingan doh dari tali. Menggunakan papan gnocchi, gulungkan gnocchi yang dipotong dengan teliti ke atas papan untuk membentuk permukaan bertekstur (anda juga boleh menggunakan garpu). Letakkan gnocchi di atas kuali yang ditaburi semolina dan pastikan gnocchi tidak bersentuhan atau ia akan melekat bersama. Sejukkan sehingga sedia untuk digunakan.

d) Untuk membuat sos, gabungkan provolone dan krim pekat dalam kuali tumis besar di atas api sederhana sederhana. Masak, pukul dengan kerap, sehingga keju cair dan licin, kira-kira 10 minit. Kecilkan api untuk memastikan sos tetap hangat semasa gnocchi masak.

e) Didihkan periuk besar air masin. Letakkan gnocchi dengan berhati-hati dalam air mendidih dan masak sehingga lembut, kira-kira 2 hingga 3 minit.

f) Untuk menghidangkan, bahagikan gnocchi antara mangkuk. Sendukkan fonduta di atas dan hiaskan dengan lada hitam yang baru dikisar.

31. Lemon gnocchi dengan kerang

BERKHIDMAT 4-6

bahan-bahan

- 1 lb (454 g) kentang russet
- 2 biji telur
- Garam kosher
- Lada hitam yang baru dikisar
- 2 biji limau meyer, diperah
- 1¼ cawan (210 g) tepung semolina, ditambah lagi untuk habuk
- ½ cawan (10 g) pasli segar
- 1 cawan (151 g) kacang polong segar
- ½ cawan (115 g) mentega tanpa garam
- Minyak zaitun
- 8-12 kerang penyelam
- 8 oz (227 g) guanciale, dipotong menjadi kepingan ½ inci (12 mm).
- Pasli daun rata Itali, dicincang
- 1 lemon, diperah

Arah

a) Taburkan dua helai kuali dengan tepung semolina. Untuk membuat doh gnocchi, dalam periuk sederhana, tutup kentang dengan air sejuk. Didihkan air dengan api yang tinggi dan masak sehingga kentang empuk, kira-kira 15 minit. Toskan dengan baik dan ketepikan sehingga cukup sejuk untuk dikendalikan. Kupas kentang dan kemudian masukkan daging melalui ricer kentang (atau tumbuk dengan belakang garpu) dan campurkan kentang tumbuk, telur, garam halal, lada hitam yang baru dikisar dan kulit limau dalam mangkuk sehingga sebati. Masukkan tepung semolina dan pasli cincang dan kacau sehingga sebati dan adunan membentuk bebola. Di atas permukaan yang ditaburi sedikit tepung, uli doh perlahan-lahan selama kira-kira 3 minit.

b) Untuk membuat gnocchi, potong sekeping kecil doh lemon dan tutup selebihnya dengan bungkus plastik. Dengan tangan anda, gulungkan kepingan doh ke dalam tali kira-kira 1 inci (2.5 cm) lebar. Potong

1 inci (2.5 cm) kepingan doh dari tali. Letakkan lemon gnocchi pada kuali lembaran yang ditaburi semolina. Balut dengan bungkus plastik dan sejukkan sehingga sedia untuk digunakan.

c) Sediakan semangkuk air batu. Rebus kacang dengan masak dalam air mendidih sehingga lembut, kira-kira 1 hingga 2 minit. Keluarkan mereka dari air dan letakkannya dalam mandi ais. Apabila cukup sejuk, keluarkan mereka dari air dan ketepikan dalam mangkuk.

d) Dalam kuali tumis yang besar di atas api sederhana, masukkan mentega dan kira-kira 1 sudu besar (15 ml) minyak zaitun. Bekerja dalam kelompok, tumis gnocchi sehingga perang keemasan kira-kira 3 hingga 4 minit pada setiap sisi. Pindahkan lemon gnocchi yang rangup ke dalam loyang.

e) Untuk membakar kerang, panaskan kuali besi tuang yang besar di atas api yang sederhana tinggi. Tepuk kerang kering dengan tuala kertas dan taburkannya dengan garam halal dan lada hitam yang baru dikisar. Tambah kira-kira 1 sudu besar (15 ml) minyak zaitun dan kerang ke dalam kuali; masak 3 minit pada setiap sisi atau sehingga perang. Keluarkan dari kuali; tetap hangat.

f) , dalam kuali tumis yang besar, dengan api sederhana, masukkan guanciale dan masak sehingga garing dan lemak benar-benar keluar. Masukkan gnocchi dan kacang ke dalam kuali dengan guanciale. Tos hingga sebati. Untuk menghidangkan, bahagikan gnocchi dan kerang antara pinggan. Hiaskan dengan pasli segar dan kulit lemon.

g)

PASTA SUMBAT

32. Polenta raviolo dengan guanciale

BERKHIDMAT 4-6

bahan-bahan
- 1 liter (946 ml) air
- 1 cawan (170 g) tepung jagung
- ¼ cawan (58 g) mentega tanpa garam
- ¼ cawan (45 g) Parmigiano-Reggiano parut
- 1 cawan (227 g) ricotta
- Garam kosher
- Lada hitam yang baru dikisar
- 6–12 kuning telur
- Doh Ravioli
- 4 oz (113 g) guanciale, dipotong menjadi kepingan ½ inci (12 mm).
- Minyak zaitun
- 1 lb (454 g) cendawan liar
- 3 tangkai thyme
- Garam kosher

- Lada hitam yang baru dikisar
- Parmigiano-Reggiano, untuk parut

Arah

a) Untuk membuat inti, masak 4 cawan (946 ml) air hingga mendidih. Masukkan tepung jagung perlahan-lahan dan kecilkan api. Masak, kacau kerap, sehingga adunan pekat dan lembut, kira-kira 15 minit. Masukkan mentega dan Parmigiano-Reggiano. Biarkan adunan sejuk dan kemudian masukkan ricotta, garam dan lada hitam yang baru dikisar dan gaul rata.

b) Taburkan dua helai kuali dengan tepung semolina.

c) Untuk membuat pasta, gulungkan doh sehingga helaian hanya lut sinar.

d) Potong helaian yang digulung menjadi bahagian 12 inci (30 cm) dan tutup selebihnya dengan bungkus plastik.

e) Letakkan helaian di atas permukaan kerja yang kering, dan bermula pada satu hujung helaian, menggunakan beg paip atau sudu, ratakan kira-kira 3 sudu besar (45 g) isian ke seluruh panjang helaian pasta, tinggalkan kira-kira 1 inci (2.5 cm) antara setiap anak kecil.

f) Kemudian, dengan jari anda, buat sarang dalam pengisian. Berhati-hati meletakkan kuning telur dalam setiap sarang dan tutup inti dengan satu lagi kepingan pasta di atas.

g) Gunakan semburan air untuk membantu menutupnya jika perlu. Semasa anda menutup pasta di atas inti, tekan dengan teliti ke bawah untuk mengelak dan pastikan tiada udara terperangkap di dalamnya. Menggunakan pemotong bulat 3 inci (7.5 cm), tebuk keluar raviolo dan letakkan dengan berhati-hati di atas loyang yang ditaburkan semolina, dijarakkan.

h) Didihkan periuk besar air masin.

i) Dalam kuali tumis yang besar di atas api sederhana, masukkan guanciale dan masak sehingga garing dan lemak keluar, kira-kira 5 minit. Tetap hangat. Dalam kuali tumis yang lain, pada api sederhana masukkan sedikit minyak zaitun, cendawan, thyme, garam dan lada yang baru dikisar dan masak sehingga lembut, kira-kira 6 minit.

j) Berhati-hati jatuhkan pasta ke dalam air mendidih dan masak sehingga mereka al dente, kira-kira 2 minit. Masukkan pasta ke dalam kuali dengan guanciale dan goncang kuali dengan berhati-hati supaya pasta menjadi disalut dengan lemak guanciale.

k) Untuk menghidangkan, bahagikan pasta antara pinggan. Hiaskan dengan cendawan dan Parmigiano-Reggiano yang baru diparut.

33. Terung mezzaluna & tomato confit

BERKHIDMAT 4–6

bahan-bahan
- Minyak zaitun
- 2 biji terung, kupas dan potong dadu
- 3 ulas bawang putih, dikisar
- 1 biji bawang besar, potong dadu
- Garam kosher
- Lada hitam yang baru dikisar
- ¼ cawan (45 g) Parmigiano-Reggiano
- 1 cawan (130 g) mozzarella parut
- 4 biji tomato plum
- Minyak zaitun
- 3 tangkai rosemary
- 3 tangkai thyme
- 1 ulas bawang putih, hiris nipis
- ½ sudu teh gula
- Garam kosher
- Lada hitam yang baru dikisar

- Doh Ravioli
- 2 cawan (50 g) selasih
- ½ cawan (90 g) Parmigiano-Reggiano parut
- 2 ulas bawang putih
- ¼ cawan (32 g) kacang pignoli
- Garam kosher
- Lada hitam yang baru dikisar
- ⅔ cawan (160 ml) minyak zaitun

Arah

a) Panaskan ketuhar kepada 325°F (163°C).

b) Dalam kuali tumis yang besar, dengan api yang sederhana tinggi, masukkan sedikit minyak zaitun, terung, bawang putih, bawang merah, garam dan lada hitam yang baru dikisar. Masak sehingga terung lembut, kira-kira 8 minit. Keluarkan dari api dan biarkan ia sejuk. Dalam mangkuk campurkan terung masak, Parmigiano-Reggiano dan mozzarella.

c) Untuk membuat konfit tomato, potong tomato separuh memanjang dan cedok bijinya. Pada kuali, tuangkan sedikit minyak zaitun dan letakkan tomato yang dipotong ke bawah dengan rosemary, thyme dan bawang putih. Perasakan dengan gula, garam dan lada hitam yang baru dikisar. Bakar sehingga ia layu dan merah gelap, kira-kira 45 minit.

d) Taburkan dua helai kuali dengan tepung semolina. Untuk membuat pasta, gulungkan doh sehingga lembarannya lut sinar.

e) Potong helaian yang digulung menjadi bahagian 12 inci (30 cm) dan tutup selebihnya dengan bungkus plastik. Letakkan kepingan di atas permukaan kerja yang kering dan gunakan pemotong bulat 3 inci (7.5 cm), potong bulatan ke dalam kepingan.

f) Dengan menggunakan beg paip atau sudu, letakkan inti di tengah bulatan pasta, tinggalkan kira-kira $\frac{1}{4}$ inci (6 mm) di sekeliling sisi. Untuk mengelak, lipat bulatan untuk membuat bentuk separuh bulan dan gunakan garpu untuk menekan sepanjang tepi untuk mengelak.

g) Gunakan semburan air untuk membantu menutupnya jika perlu. Berhati-hati letakkan mezzaluna pada kuali lembaran yang ditaburkan semolina, dijarakkan.

h) Untuk membuat pesto, dalam pemproses makanan, tambah basil, Parmigiano-Reggiano parut, bawang putih, kacang pignoli, garam halal dan lada hitam yang baru dikisar. Perlahan-lahan tuangkan minyak zaitun dan proses sehingga puri.

i) Didihkan periuk besar air masin. Berhati-hati jatuhkan pasta ke dalam air mendidih dan masak sehingga al dente, kira-kira 2 hingga 3 minit.

j) Dalam kuali tumis dengan api perlahan, masukkan sedikit minyak zaitun dan tomato confit. Masukkan pasta ke dalam kuali dan goncangkan kuali perlahan-lahan untuk dicampur dengan tomato. Perasakan dengan garam dan lada hitam yang baru dikisar. Untuk menghidangkan, bahagikan pasta antara pinggan. Hiaskan dengan pesto.

34. Labu butternut & cappellacci pir

BERKHIDMAT 4–6

bahan-bahan

- 1 labu butternut, dibelah dua memanjang
- Minyak zaitun
- Garam kosher
- Lada hitam yang baru dikisar
- 3 biji pir Bosc, dikupas, dihiris dan dihiris
- ¼ sudu teh buah pala parut
- ½ cawan (90 g) Parmigiano-Reggiano parut
- 1 biji telur
- Doh Ravioli
- ¼ cawan (58 g) mentega tanpa garam
- 1 tandan bijak
- Garam kosher
- Lada hitam yang baru dikisar
- Parmigiano-Reggiano, untuk parut

Arah

a) Panaskan ketuhar hingga 375°F (190°C).

b) Untuk membuat inti, letakkan labu butternut yang telah dipotong di atas kuali dan renjiskan bahagian yang dipotong dengan minyak zaitun. Perasakan dengan garam dan lada sulah. Masak selama kira-kira 45 minit atau sehingga garpu lembut. Semasa menyejukkan skuasy butternut, siramkan pir dengan minyak zaitun dan masak sehingga lembut, kira-kira 10 hingga 15 minit. Keluarkan daging skuasy dan masukkan ke dalam pemproses makanan dengan pear, minyak zaitun, buah pala, Parmigiano-Reggiano dan telur; nadi sehingga licin. Perasakan dengan garam dan lada sulah yang baru dikisar.

c) Taburkan dua helai kuali dengan tepung semolina.

d) Untuk membuat pasta, gulungkan doh sehingga lembarannya lut sinar.

e) Potong helaian yang digulung menjadi bahagian 12 inci (30 cm) dan tutup selebihnya dengan bungkus plastik. Letakkan kepingan di atas permukaan kerja yang kering dan, menggunakan pemotong roda lurus atau pisau, potong kepingan pasta menjadi segi empat sama 2 inci (5 cm).

f) Menggunakan beg paip atau sudu, letakkan kira-kira 1 sudu besar (15 g) inti di tengah setiap petak, tinggalkan kira-kira ¼ inci (6 mm) di sekeliling sisi. Untuk mengelak, lipat segi empat sama ke sudut bertentangan untuk membentuk bentuk segi tiga dan gunakan jari anda untuk menekan di sepanjang tepi untuk mengelak.

g) Ambil dua hujung segi tiga yang bertentangan dan cubit bersama. Gunakan semburan air untuk membantu menutupnya jika perlu. Letakkan cappellacci dengan berhati-hati pada kuali lembaran yang ditaburi semolina, dijarakkan.

h) Didihkan periuk besar air masin. Berhati-hati jatuhkan pasta ke dalam air dan masak sehingga al dente, kira-kira 2 hingga 3 minit.

i) , dalam kuali tumis yang besar di atas api sederhana sederhana, masukkan mentega dan sage, dan masak sehingga mentega menjadi perang dan ia mempunyai aroma pedas, kira-kira 3 hingga 4 minit. Masukkan pasta ke dalam kuali dan gaul hingga sebati. Perasakan dengan garam dan lada hitam yang baru dikisar.

j) Untuk menghidangkan, bahagikan pasta antara pinggan. Hiaskan dengan Parmigiano-Reggiano parut.

35. Agnolotti daging lembu dengan pecorino

BERKHIDMAT 4-6

bahan-bahan
- Minyak zaitun
- 1 lb (454 g) daging lembu kisar
- 3 ulas bawang putih, cincang
- 1 lb (454 g) sayur sawi, dicincang
- 1 sudu teh buah pala yang baru diparut
- 1 tandan daun pasli Itali, dicincang
- Garam kosher
- Lada hitam yang baru dikisar
- $\frac{1}{2}$ cawan (50 g) parut Pecorino Romano
- Doh Ravioli
- $\frac{1}{4}$ cawan (58 g) mentega tanpa garam
- Pecorino Romano, untuk parut
- Sayur sawi bayi

Arah
a) Untuk membuat inti, dalam kuali tumis pada api sederhana tinggi, tambahkan sedikit minyak zaitun dan daging lembu.

Masak sehingga perang, kira-kira 8 hingga 10 minit.

b) Toskan lebihan gris dan ketepikan. Dalam kuali tumis dengan api sederhana, masukkan sedikit minyak zaitun, bawang putih, sayur sawi, buah pala dan pasli.

c) Masak sehingga pasli layu, kira-kira 2 hingga 3 minit. Perasakan dengan garam dan lada sulah yang baru dikisar. Masukkan sayur-sayuran ke dalam daging lembu yang dimasak. Masukkan Pecorino Romano parut. Letakkan campuran daging lembu dan sawi-hijau dalam pemproses makanan dan nadi sehingga ia bersatu.

d) Taburkan dua helai kuali dengan tepung semolina.

e) Untuk membuat pasta, gulungkan doh sehingga lembarannya lut sinar.

f) Potong helaian yang digulung menjadi bahagian 12 inci (30 cm) dan tutup selebihnya dengan bungkus plastik. Letakkan helaian pada permukaan kerja yang kering dan, menggunakan pemotong roda lurus atau pisau, potong kepingan pasta memanjang menjadi dua jalur lebar 3 inci (7.5 cm).

g) Menggunakan beg paip atau sudu, letakkan inti di tengah-tengah setiap helaian berturut-turut. Untuk mengelak, lipat pasta di atas inti ke bahagian bertentangan, biarkan kira-kira ¼ inci (6 mm) doh kosong. Gunakan semburan air untuk membantu menutupnya jika perlu.

h) Untuk membentuk agnolotti individu, picit doh dengan ibu jari dan jari telunjuk anda. Bekerja dengan cara anda ke seluruh panjang helaian, mengelak dan mencubit secara berasingan untuk menghasilkan pasta 2 inci (5 cm).

i) Menggunakan roda pasta bergalur, potong tepi doh sepanjang keseluruhan, mendekati inti yang mungkin. Untuk memotong pasta menjadi agnolotti individu, menggunakan pemotong bergalur, dengan cepat dan kuat, potong terus di tengah-tengah picit. Letakkan agnolotti dengan berhati-hati pada kuali lembaran yang ditaburkan semolina, dijarakkan.

j) Didihkan periuk besar dengan air masin. Berhati-hati jatuhkan pasta ke dalam air dan masak sehingga al dente, kira-kira 2 hingga 3 minit.

k) Sementara itu, dalam kuali tumis besar dengan api sederhana, masukkan mentega dan cair. Kemudian masukkan pasta yang telah dimasak dan gaul hingga sebati.

l) Untuk menghidangkan, bahagikan pasta antara pinggan. Hiaskan dengan Pecorino Romano parut dan sedikit sayur sawi bayi.

36. Prosciutto karamelle dengan fonduta

BERKHIDMAT 4-6

bahan-bahan

- Minyak zaitun
- 1 lb (454 g) prosciutto, dipotong dadu kecil
- 1 kepala radicchio, dicincang
- 2 cawan (454 g) ricotta
- Garam kosher
- Lada hitam yang baru dikisar
- Doh Ravioli
- 8 oz (227 g) Gorgonzola
- $\frac{1}{4}$ cawan (59 ml) krim pekat
- Lada hitam yang baru dikisar
- 1 lemon, diperah

Arah

a) Untuk membuat inti, dalam kuali tumis yang besar di atas api yang tinggi, tambahkan sedikit minyak zaitun dan prosciutto dan masak sehingga garing, kira-kira 3 hingga 4 minit. Kemudian masukkan radicchio dan masak sehingga layu, kira-kira 2 minit. Keluarkan dari haba.

b) Dalam mangkuk, satukan prosciutto, radicchio dan ricotta, dan perasakan dengan garam dan lada hitam yang baru dikisar.

c) Taburkan dua helai kuali dengan tepung semolina.

d) Untuk membuat pasta, gulungkan doh sehingga lembarannya lut sinar.

e) Potong helaian yang digulung menjadi bahagian 12 inci (30 cm) dan tutup selebihnya dengan bungkus plastik.

f) Letakkan kepingan di atas permukaan kerja yang kering dan, menggunakan pemotong roda lurus atau pisau, potong kepingan pasta menjadi segi empat tepat 3 inci (7.5 cm) panjang dengan 2 inci (5 cm) lebar. Dengan menggunakan beg paip atau sudu, letakkan log isian 2 inci (5 cm) ke bawah sepanjang segi empat tepat berhampiran dengan tepi, tinggalkan ruang kira-kira ½ inci (12 mm) pada setiap sisi.

g) Untuk mengelak, lipat tepi bawah di atas inti dan gulungkan pasta dengan teliti daripada anda untuk membentuk bentuk seperti tiub. Gunakan semburan air untuk membantu menutupnya jika perlu.

h) Cubit bahagian tepi, tutup doh di tempat inti berakhir dan gunakan ibu jari anda untuk mencubit kedua-dua hujungnya, dan putar kira-kira 180 darjah dan picit lagi. Berhati-hati meletakkan karamel pada kuali lembaran yang ditaburkan semolina, dijarakkan.

i) Didihkan periuk besar air masin. Berhati-hati jatuhkan pasta ke dalam air dan masak sehingga al dente, kira-kira 2 hingga 3 minit.

j) Untuk membuat fonduta, gabungkan gorgonzola dan krim kental dalam kuali tumis besar di atas api sederhana sederhana. Masak, pukul dengan kerap, sehingga keju cair dan licin, kira-kira 10 minit.

k) Kecilkan api dan panaskan semasa pasta masak. Kemudian masukkan pasta yang telah dimasak dan gaul hingga sebati.

l) Untuk menghidangkan, bahagikan pasta antara mangkuk. Hiaskan dengan lada hitam yang baru dikisar dan kulit limau.

37. Anolini dalam brodo

BERKHIDMAT 4–6

bahan-bahan

- ¼ cawan (58 g) mentega tanpa garam
- 1 ulas bawang putih, cincang
- 1 lb (454 g) daging lembu kisar
- Garam kosher
- Lada hitam yang baru dikisar
- ½ cawan (60 g) serbuk roti
- ½ cawan (90 g) Parmigiano-Reggiano
- Minyak zaitun
- 2 ulas bawang putih, cincang
- 2 batang saderi, potong dadu kecil
- 2 lobak merah, potong dadu kecil
- 1 biji bawang besar, potong dadu kecil
- 1 tandan pasli, dicincang
- Garam kosher
- Lada hitam yang baru dikisar
- Doh Ravioli

- Parmigiano-Reggiano, untuk parut
- Pasli daun rata Itali, dicincang

Arah

a) Taburkan dua helai kuali dengan tepung semolina.

b) Untuk membuat inti, dalam kuali tumis besar di atas api sederhana tinggi cairkan mentega. Masukkan bawang putih dan daging kisar. Masak sehingga masak, kira-kira 5 hingga 8 minit. Toskan lebihan gris dan perasakan dengan garam dan lada hitam yang baru dikisar. Setelah sejuk sedikit, putar dalam pemproses makanan dengan serbuk roti dan Parmigiano-Reggiano sehingga digabungkan.

c) Untuk membuat brodo, dalam periuk besar di atas api yang tinggi, masukkan sedikit minyak zaitun, bawang putih, saderi, lobak merah, bawang besar dan pasli. Tutup dengan kira-kira $1\frac{1}{2}$ liter (1.4 L) air dan biarkan mendidih. Kemudian kurangkan kepada sederhana rendah dan reneh selama kira-kira 45 minit.

Perasakan dengan garam dan lada hitam yang baru dikisar.

d) Untuk membuat pasta, gulungkan doh sehingga lembarannya lut sinar.

e) Potong helaian yang digulung menjadi bahagian 12 inci (30 cm) dan tutup selebihnya dengan bungkus plastik. Letakkan helaian di atas permukaan kerja yang kering, dan bermula pada satu hujung helaian, gunakan beg paip atau sudu untuk meletakkan kira-kira ½ sudu teh isian ke bawah keseluruhan panjang kepingan pasta dalam dua baris, meninggalkan kira-kira ½ inci (12). mm) antara setiap dollop.

f) Tutup inti dengan kepingan pasta lain di atas. Gunakan semburan air untuk membantu menutupnya jika perlu.

g) Semasa anda menutup pasta di atas inti, tekan dengan teliti ke bawah untuk mengelak dan pastikan tiada udara terperangkap di dalamnya. Dengan menggunakan pemotong bulat 1 inci (2.5 cm), tebuk keluar anolini dan letakkannya dengan berhati-hati pada kuali lembaran yang ditaburkan semolina, dijarakkan.

h) Didihkan kembali brodo dan masukkan pasta dengan teliti dan masak sehingga al dente, kira-kira 2 hingga 3 minit.

i) Untuk menghidangkan, bahagikan pasta antara mangkuk dengan brodo. Hiaskan dengan Parmigiano-Reggiano dan pasli cincang.

38. Raviolini kacang manis dengan mascarpone

BERKHIDMAT 4-6

bahan-bahan
- Minyak zaitun
- 4 cawan (604 g) kacang
- Garam kosher
- Lada hitam yang baru dikisar
- 1 tandan pudina
- 1½ cawan (341 g) mascarpone
- ½ cawan (90 g) Parmigiano-Reggiano parut
- 1 lemon, jus dan kulit
- Doh Ravioli
- 8 oz (227 g) selada air
- 1 lemon, jus dan kulit
- Garam kosher
- Lada hitam yang baru dikisar
- ¼ cawan (58 g) mentega tanpa garam
- Minyak zaitun

Arah

a) Taburkan dua helai kuali dengan tepung semolina.

b) Untuk membuat inti, dalam kuali tumis besar di atas api sederhana tinggi, gerimis minyak zaitun.

c) Masukkan kacang dan masak sehingga hijau terang, kira-kira 2 hingga 5 minit. Perasakan dengan garam dan lada hitam yang baru dikisar. Pukul kacang polong yang telah dimasak, daun pudina, mascarpone, Parmigiano-Reggiano dan jus lemon dalam pemproses makanan sehingga ia bersatu. Simpan kira-kira $\frac{1}{4}$ cawan (60 g) inti untuk membuat sos.

d) Untuk membuat pasta, gulungkan doh sehingga lembarannya lut sinar. Potong helaian yang digulung menjadi bahagian 12 inci (30 cm) dan tutup selebihnya dengan bungkus plastik.

e) Letakkan helaian di atas permukaan kerja yang kering dan bermula pada satu hujung helaian, gunakan beg paip atau sudu untuk meletakkan kira-kira 2 sudu teh (10 g) isian ke dalam keseluruhan panjang kepingan pasta dalam dua baris, meninggalkan kira-kira 1 inci (2.5 cm) antara setiap anak kecil. Gunakan semburan air untuk membantu menutupnya jika perlu.

f) Semasa anda menutup pasta di atas inti, tekan dengan teliti ke bawah untuk mengelak dan pastikan tiada udara terperangkap di dalamnya. Dengan menggunakan setem ravioli 2 inci (5 cm) atau roda pasta, potong segi empat sama atau bulatan 2 inci (5 cm) dan letakkan raviolini dengan berhati-hati pada kuali yang ditaburkan semolina, dijarakkan.

g) Didihkan periuk besar air masin. Berhati-hati jatuhkan pasta ke dalam air dan masak sehingga al dente, kira-kira 2 hingga 3 minit. Dalam kuali tumis yang besar, dengan api sederhana, masukkan mentega dan cair. Kemudian masukkan pasta yang telah dimasak ke dalam kuali dengan inti yang dikhaskan dan toskan hingga sebati.

h) Bahagikan pasta antara pinggan. Dalam mangkuk kecil, gabungkan selada air dengan sedikit minyak zaitun, jus lemon, garam dan lada hitam yang baru dikisar. Hiaskan pasta dengan selada air yang telah disiapkan.

39. Tulang rusuk pendek & ravioli akar saderi

BERKHIDMAT 4-6

bahan-bahan
- 3 lb (1.4 kg) rusuk pendek
- Garam kosher
- Lada hitam yang baru dikisar
- Minyak zaitun
- 2 lobak merah, potong dadu
- 2 batang saderi, potong dadu
- 2 biji bawang, potong dadu
- 3 ulas bawang putih, cincang
- 1 cawan (237 ml) wain merah
- 4 tangkai thyme
- 1 tandan pasli
- 4 tangkai rosemary
- 1 daun salam
- 3 Sudu Besar (10 g) espresso segera
- 1 qt (946 ml) stok daging lembu
- 1 akar saderi besar

- 3 Sudu Besar (43 g) mentega tanpa garam
- ½ cawan (119 ml) krim pekat
- 1 daun salam
- Garam kosher
- Lada hitam yang baru dikisar
- Doh Ravioli
- ¼ cawan (58 g) mentega tanpa garam
- Daun bawang, dihiris nipis

Arah

a) Panaskan ketuhar hingga 375°F (190°C). Perasakan tulang rusuk dengan garam dan lada sulah. Panaskan ketuhar Belanda dengan api yang tinggi dan tambah sedikit minyak zaitun.

b) Bekerja dalam kelompok, tambah rusuk pendek dan goreng di semua sisi, sehingga kerak coklat yang bagus terbentuk. Angkat dan ketepikan. Dalam ketuhar Belanda yang sama, tambahkan sedikit minyak zaitun, lobak merah, saderi, bawang merah dan bawang putih.

c) Masak sehingga ia lembut dan mempunyai warna, kira-kira 3 hingga 4 minit. Tambah wain merah untuk melelehkan kuali, menggunakan sudu untuk mengikis semua bit di bahagian bawah. Kembalikan rusuk pendek ke dalam kuali dan kemudian masukkan thyme, pasli, rosemary, daun bay, espresso, garam, lada hitam yang baru dikisar dan stok daging lembu yang cukup untuk menutupi rusuk pendek. Tutup periuk dan masukkan ke dalam ketuhar. Masak selama kira-kira 4 jam atau sehingga daging empuk. Keluarkan daun bay sebelum dihidangkan.

d) Untuk membuat puri akar saderi, kupas akar saderi dan potong bersaiz sederhana. Dalam periuk sederhana dengan api perlahan, masukkan mentega dan potong akar saderi.

e) Masak sehingga lembut, kira-kira 6 minit. Masukkan krim kental dan daun bay dan biarkan mendidih selama kira-kira 2 minit. Keluarkan daun bay. Masukkan akar saderi dan krim berat ke dalam pemproses makanan dan proses sehingga licin. Perasakan dengan garam dan lada sulah.

f) Taburkan dua helai kuali dengan tepung semolina. Untuk membuat pasta, gulungkan doh sehingga lembarannya lut sinar. Potong helaian yang digulung menjadi bahagian 12 inci (30 cm) dan tutup selebihnya dengan bungkus plastik.

g) Letakkan helaian di atas permukaan kerja yang kering dan, bermula pada satu hujung helaian, gunakan beg paip atau sudu untuk meletakkan kira-kira 2 sudu besar (30 g) puri akar saderi di sepanjang keseluruhan helaian pasta dalam dua baris, meninggalkan kira-kira 1 inci (2.5 cm) antara setiap anak kecil. Letakkan kira-kira 1 sudu besar (15 g) rusuk pendek yang direbus di atas akar saderi.

h) Semasa anda menutup pasta di atas inti, tekan dengan teliti ke bawah untuk mengelak dan pastikan tiada udara terperangkap di dalamnya. Gunakan semburan air untuk membantu menutupnya jika perlu. Dengan menggunakan setem ravioli 4 inci (10 cm) atau roda pasta, potong segi empat sama atau bulatan 4 inci (10 cm) dan letakkan ravioli dengan berhati-hati pada kuali yang ditaburkan semolina, dijarakkan.

i) Didihkan periuk besar air masin. Sementara itu dalam kuali tumis kecil dengan api sederhana besar, cairkan mentega. Untuk menghidangkan, bahagikan pasta antara mangkuk. Hiaskan dengan mentega cair dan daun kucai.

40. Taleggio triangoli & pork ragu

BERKHIDMAT 4–6

bahan-bahan
- 3 lb (1.4 kg) pipi babi
- Garam kosher
- Lada hitam yang baru dikisar
- Minyak zaitun
- 2 lobak merah, potong dadu
- 1 batang saderi, potong dadu
- 1 biji bawang besar, potong dadu
- 3 ulas bawang putih, cincang
- 1 (6-oz [170-g]) tin pes tomato
- ½ cawan (118 ml) wain merah
- 1 tandan daun pasli Itali
- 3 tangkai rosemary
- 4 tangkai thyme
- 1 daun salam
- 1 (28-oz [794-g]) tin tomato dihancurkan
- 3 cawan (711 ml) stok daging lembu

- Minyak zaitun
- 1 kepala radicchio, dihiris nipis
- 1 lb (454 g) Taleggio, parut
- 1 lemon, kulit dan jus
- Doh Ravioli
- Pasli daun rata Itali, dicincang

Arah

a) Panaskan ketuhar hingga 375°F (190°C).

b) Untuk membuat pipi babi ragu-ragu, perasakan daging babi dengan garam dan lada hitam yang baru dikisar. Ke dalam ketuhar Belanda dengan api yang tinggi, tambahkan sedikit minyak zaitun.

c) Bekerja dalam kelompok, masukkan pipi babi dan goreng di semua sisi, sehingga kerak coklat yang bagus terbentuk. Angkat dan ketepikan. Dalam ketuhar Belanda yang sama, tambahkan sedikit minyak zaitun, lobak merah, saderi, bawang merah dan bawang putih.

d) Masak sehingga ia lembut dan keemasan, kira-kira 3 hingga 4 minit. Masukkan pes tomato dan kacau sentiasa untuk mengelakkan hangus. Kemudian tambahkan wain merah untuk melelehkan kuali, dan gunakan sudu untuk mengikis semua kepingan di bahagian bawah.

e) Kembalikan pipi babi ke dalam kuali dan kemudian masukkan pasli, rosemary, thyme, daun bay, garam, lada hitam yang baru dikisar, tomato hancur dan stok daging yang cukup untuk menutupi daging babi. Tutup periuk dan masukkan ke dalam ketuhar. Masak selama kira-kira 4 jam atau sehingga daging empuk.

f) Apabila cukup sejuk untuk dikendalikan, pecahkan daging dengan dua garpu dan keluarkan daun bay. Tetap hangat.

g) Untuk membuat inti, dalam kuali tumis bersaiz sederhana, tambahkan sedikit minyak zaitun dan radicchio. Masak sehingga layu, kira-kira 3 minit. Biarkan sejuk. Dalam mangkuk adunan besar, satukan radicchio layu, Taleggio, kulit limau dan jus lemon. Perasakan dengan garam dan lada hitam yang baru dikisar.

h) Taburkan dua helai kuali dengan tepung semolina.

i) Untuk membuat pasta, gulungkan doh sehingga lembarannya lut sinar.

j) Potong helaian yang digulung menjadi bahagian 12 inci (30 cm) dan tutup selebihnya dengan bungkus plastik. Letakkan kepingan di atas permukaan kerja yang kering dan, menggunakan pemotong roda lurus atau pisau, potong kepingan pasta menjadi segi empat sama 3 inci (7.5 cm).

k) Menggunakan beg paip atau sudu, letakkan kira-kira 1 sudu teh inti di tengah, biarkan kira-kira $\frac{1}{4}$ inci (6 mm) doh kosong di tepi. Untuk mengelak, lipat segi empat sama ke sudut bertentangan untuk membentuk bentuk segi tiga dan gunakan jari anda untuk menekan di sepanjang tepi untuk mengelak.

l) Gunakan semburan air untuk membantu menutupnya jika perlu. Dengan pemotong bergalur, potong di sepanjang tepi, tinggalkan kira-kira ¼ inci (6 mm) pasta di sekeliling inti. Berhati-hati letakkan triangoli pada kuali lembaran yang ditaburkan semolina, dijarakkan.

m) Didihkan periuk besar air masin. Berhati-hati jatuhkan pasta ke dalam air dan masak sehingga al dente, kira-kira 2 hingga 3 minit.

n) Dalam kuali tumis yang besar di atas api sederhana, masukkan sedikit ragu babi dan pasta yang telah dimasak. Tos hingga sebati.

o) Untuk menghidangkan, bahagikan pasta antara mangkuk. Hiaskan dengan pasli cincang.

41. Sunchoke cappelletti dengan epal

BERKHIDMAT 4-6

bahan-bahan
- Minyak zaitun
- 4 lb (1.8 kg) sunchokes, dicincang
- 2 ulas bawang putih, cincang
- 1 cawan (227 g) ricotta
- Garam kosher
- Lada hitam yang baru dikisar
- Doh Ravioli
- Minyak zaitun
- 1 lb (454 g) kangkung, dicincang
- 1 epal, dihiris nipis

Arah

a) Untuk membuat inti, dalam kuali tumis besar pada api sederhana tinggi, gerimis minyak zaitun dan masukkan sunchokes. Masak sehingga lembut, kira-kira 8 hingga 10 minit. Keluarkan dari api dan biarkan sejuk sedikit.

b) Dalam pemproses makanan, pukul sunchokes, bawang putih dan ricotta sehingga sebati. Perasakan dengan garam dan lada hitam yang baru dikisar.

c) Taburkan dua helai kuali dengan tepung semolina.

d) Untuk membuat pasta, gulungkan doh sehingga lembarannya lut sinar.

e) Potong helaian yang digulung menjadi bahagian 12 inci (30 cm) dan tutup selebihnya dengan bungkus plastik. Letakkan kepingan di atas permukaan kerja yang kering dan, menggunakan pemotong bulat 3 inci (7.5 cm), potong bulatan ke dalam kepingan.

f) Menggunakan beg paip atau sudu, letakkan kira-kira 1 sudu teh inti di tengah bulatan pasta, tinggalkan kira-kira $\frac{1}{4}$ inci (6 mm) di sekeliling tepi. Lipat bulatan untuk membuat bentuk separuh bulan dan tekan di sepanjang tepi untuk mengelak. Gunakan semburan air untuk membantu menutupnya jika perlu.

g) Untuk membentuk bentuk pasta, dengan tepi melengkung menghadap anda, satukan dua titik dan tekan. Perlahan-lahan pastikan tepi luar melengkung naik untuk membentuk bentuk bulat. Letakkan pasta pada permukaan kerja anda, pastikan ia berdiri sendiri. Pindahkan cappelletti dengan berhati-hati ke kuali lembaran yang ditaburkan semolina, dijarakkan.

h) Didihkan periuk besar air. Sementara itu, dalam kuali tumis yang besar, dengan api sederhana, gerimis minyak zaitun. Masukkan kangkung dan tumis sehingga mula layu. Tutup api dan masukkan epal. Perasakan dengan garam dan lada sulah yang baru dikisar.

i) Berhati-hati jatuhkan pasta ke dalam air dan masak sehingga al dente, kira-kira 2 hingga 3 minit. Masukkan dalam kuali tumis bersama kangkung dan epal.

j) Untuk menghidangkan, bahagikan pasta, kangkung dan epal di antara mangkuk.

42. Faggotini dengan udang & zucchini

BERKHIDMAT 4-6

bahan-bahan
- PENGISIAN
- Minyak zaitun
- 1 zucchini, potong dadu kecil
- 1 lb (454 g) udang, dicincang
- 1 lemon, jus dan kulit
- 1 tandan pasli, dicincang
- 1 cawan (227 g) keju ricotta
- ½ cawan (90 g) Parmigiano-Reggiano
- Garam kosher
- Lada hitam yang baru dikisar
- FAGGOTINI
- Doh Ravioli
- 1 tandan dill, dicincang
-
- Pelepah Dill, dipetik

Arah

a) Untuk membuat inti, dalam kuali tumis besar pada api sederhana tinggi gerimis minyak zaitun. Tumis zucchini sehingga lembut, kira-kira 5 hingga 8 minit. Mengetepikan. Tuangkan lebih banyak minyak zaitun dan tumis udang sehingga masak, kira-kira 5 hingga 8 minit. Dalam mangkuk sederhana, campurkan udang cincang, zucchini, lemon, pasli, ricotta dan Parmigiano-Reggiano sehingga sebati. Perasakan dengan garam dan lada hitam yang baru dikisar.

b) Taburkan dua helai kuali dengan tepung semolina.

c) Untuk membuat doh dill, ikut arahan untuk Dough Ravioli, menggabungkan dill cincang dengan bahan basah.

d) Untuk membuat pasta, gulungkan doh sehingga lembarannya lut sinar.

e) Potong helaian yang digulung menjadi bahagian 12 inci (30 cm) dan tutup selebihnya dengan bungkus plastik. Letakkan kepingan di atas permukaan kerja yang kering dan, menggunakan pemotong roda lurus atau pisau, potong doh menjadi segi empat sama 3 inci (7.5 cm). Dengan menggunakan beg paip atau sudu, letakkan kira-kira 1 sudu besar (15 g) inti di tengah-tengah petak, tinggalkan kira-kira ½ inci (12 mm) di sekeliling sisi. Satukan empat sudut untuk membentuk satu berkas. Cubit dan putar di bahagian atas untuk mengelak. Gunakan semburan air untuk membantu menutupnya jika perlu. Berhati-hati letakkan faggotini pada kuali lembaran yang ditaburkan semolina, dijarakkan.

f) Didihkan periuk besar air. Berhati-hati jatuhkan pasta ke dalam air dan masak sehingga al dente, kira-kira 2 hingga 3 minit.

g) Untuk menghidangkan, bahagikan pasta antara mangkuk. Hiaskan dengan pelepah dill.

43. Artichoke casonsei & ricotta

BERKHIDMAT 4-6

bahan-bahan
- PENGISIAN
- 2 lb (907 g) articok
- 2 biji limau
- ¼ cawan (59 ml) minyak zaitun
- 1 biji bawang besar, potong dadu
- 2 ulas bawang putih, ditumbuk
- 1 tandan daun pasli Itali
- 1 cawan (237 ml) wain putih
- 1 cawan (237 ml) stok ayam
- ½ cawan (115 g) mentega tanpa garam
- 2 cawan (454 g) ricotta susu kambing
- CASONSEI
- Doh Ravioli
-
- Pasli daun rata Itali, dicincang
- ½ cawan (86 g) kacang hazel, dicincang

Arah

a) Untuk merebus articok, isi mangkuk besar dengan air dan jus 1 lemon; masukkan bahagian limau juga. Bilas setiap articok dan potong ½ inci (12 mm) dari tangkai. Potong 1 inci (2.5 cm) dari bahagian atas setiap articok. Kemudian potong articok separuh, dari tangkai ke hujung, dan keluarkan tercekik dengan sudu.

b) Keluarkan daun luar yang keras dan potong bahagian luar tangkai dengan pisau pengupas. Masukkan articok yang disediakan ke dalam mangkuk air lemon untuk mengelakkannya daripada keperangan. Dalam periuk besar di atas api sederhana, tambah minyak zaitun, bawang merah, bawang putih dan pasli, dan masak selama kira-kira 3 minit atau sehingga lut sinar. Masukkan articok yang telah dibersihkan dan wain putih. Biarkan wain putih berkurangan separuh, kira-kira 2 minit.

c) Masukkan stok ayam, perahan satu lemon dan mentega, tutup dan masak selama kira-kira 20 minit dengan api perlahan sehingga lembut. Untuk membuat inti, putar articok yang direbus dalam pemproses makanan dengan ricotta sehingga digabungkan.

d) Taburkan dua helai kuali dengan tepung semolina. Untuk membuat pasta, gulungkan doh sehingga lembarannya lut sinar.

e) Potong helaian yang digulung menjadi bahagian 12 inci (30 cm) dan tutup selebihnya dengan bungkus plastik. Letakkan helaian pada permukaan kerja yang kering dan, menggunakan pemotong roda lurus atau pisau, potong kepingan pasta memanjang menjadi dua jalur lebar 3 inci (7.5 cm).

f) Menggunakan beg paip atau sudu, letakkan log isian $1\frac{1}{2}$ inci (3.8 cm) di tengah-tengah setiap helaian berturut-turut, tinggalkan kira-kira 1 inci (2.5 cm) antara setiap log isian. Untuk mengelak, lipat pasta di atas inti ke bahagian bertentangan dan gunakan jari telunjuk anda untuk menekan ke bawah di sepanjang sisi log pengisian, menolak udara dan menutup pasta.

g) Bekerja dengan cara anda ke seluruh panjang helaian, mengelak setiap log pengisian secara individu. Gunakan semburan air untuk membantu menutupnya jika perlu. Menggunakan roda pasta bergalur, potong tepi, tinggalkan kira-kira $\frac{1}{4}$ inci (6 mm) antara inti dan potongan. Dengan tepi bergalur menghadap ke arah anda, letakkan jari telunjuk anda di atas tepi dan ibu jari anda di belakang inti.

h) Dekatkan sudut antara satu sama lain, tetapi jangan sentuh. Letakkan casonsei dengan berhati-hati pada kuali lembaran yang ditaburkan semolina, dijarakkan. Didihkan periuk besar air. Berhati-hati jatuhkan pasta ke dalam air dan masak sehingga al dente, kira-kira 2 hingga 3 minit.

i) Untuk menghidangkan, bahagikan pasta antara mangkuk. Hiaskan dengan pasli dan hazelnut.

44. Daging babi & parsnip tortelli dengan epal

BERKHIDMAT 4-6

bahan-bahan

- Minyak zaitun
- 1 lb (454 g) daging babi yang dikisar
- 3 ulas bawang putih, dikisar
- 3 biji ubi, potong dadu kecil
- Garam kosher
- Lada hitam yang baru dikisar
- 1 tandan daun pasli Itali
- ½ cawan (90 g) parut Pecorino Romano
- Doh Ravioli
- ½ cawan (115 g) mentega tanpa garam
- 1 Sudu Besar (16 g) sawi bijirin penuh
- 1 epal hijau, dihiris nipis
- ½ cawan (58 g) walnut, dicincang

Arah

a) Untuk membuat inti, dalam kuali tumis besar di atas api yang tinggi, tambahkan sedikit minyak zaitun, daging babi, bawang putih, parsnip, garam dan lada hitam yang baru dikisar. Masak sehingga daging babi berwarna perang dan parsnip lembut, kira-kira 6 minit. Letakkan dalam pemproses makanan dengan pasli dan Pecorino Romano dan nadi sehingga dikisar halus.

b) Taburkan dua helai kuali dengan tepung semolina.

c) Untuk membuat pasta, gulungkan doh sehingga lembarannya lut sinar. Potong helaian yang digulung menjadi bahagian 12 inci (30 cm) dan tutup selebihnya dengan bungkus plastik.

d) Letakkan helaian pada permukaan kerja yang kering dan, menggunakan pemotong roda lurus atau pisau, potong kepingan pasta memanjang menjadi dua jalur lebar 3 inci (7.5 cm). Menggunakan beg paip atau sudu, letakkan log isian $1\frac{1}{2}$ inci (3.8 cm) di tengah-tengah setiap helaian berturut-turut, tinggalkan kira-kira $\frac{1}{2}$ inci (12 mm) di antara setiap log isian.

e) Untuk mengelak, lipat pasta di atas inti ke bahagian bertentangan dan gunakan jari telunjuk anda untuk menekan ke bawah di sepanjang sisi log pengisian, menolak udara dan menutup pasta. Bekerja dengan cara anda ke seluruh panjang helaian, mengelak setiap log pengisian secara individu.

f) Gunakan semburan air untuk membantu menutupnya jika perlu. Menggunakan roda pasta bergalur, potong tepi, tinggalkan kira-kira ¼ inci (6 mm) antara inti dan potongan. Berhati-hati letakkan tortelli pada kuali lembaran yang ditaburkan semolina, dijarakkan.

g) Didihkan periuk besar air masin.

h) Sementara itu, dalam kuali tumis yang besar, dengan api sederhana sederhana, masukkan mentega dan masak sehingga perang dan mempunyai aroma pedas, kira-kira 3 hingga 4 minit. Keluarkan dari api, masukkan mustard bijirin penuh dan kacau hingga sebati.

i) Berhati-hati jatuhkan pasta ke dalam air dan masak sehingga al dente, kira-kira 2 hingga 3 minit. Masukkan ke dalam kuali dengan mentega perang dan gaul hingga sebati.

j) Bahagikan pasta antara pinggan. Hiaskan dengan epal hijau dan walnut yang dihiris nipis.

45. Bit dan mawar scarpinocc

BERKHIDMAT 4-6

bahan-bahan

- ½ cawan (115 g) mentega
- 2 lb (907 g) bit
- Minyak zaitun
- Garam kosher
- Lada hitam yang baru dikisar
- 3 Sudu Besar (48 ml) air mawar
- 1½ cawan (341 g) mascarpone
- 1½ cawan (341 g) keju ricotta
- Doh Ravioli
- ½ cawan (115 g) mentega tanpa garam
- 1 Sudu Besar (8 g) biji popia

Arah

a) Panaskan ketuhar hingga 425°F (218°C).

b) Untuk memerang mentega, dalam kuali tumis yang besar dengan api sederhana tinggi, masukkan mentega. Masak sehingga ia berwarna perang dan mempunyai aroma pedas, kira-kira 3 hingga 4 minit. Mengetepikan.

c) Untuk membuat inti, masukkan bit dalam minyak zaitun, garam dan lada yang baru dikisar dalam mangkuk besar. Letakkan bit dalam hidangan pembakar dan tutup rapat dengan kerajang. Panggang sehingga empuk apabila ditusuk dengan pisau, 45 hingga 60 minit bergantung pada saiznya.

d) Ketepikan sehingga ia cukup sejuk untuk dikupas dan dipotong. Kemudian dalam pemproses makanan, pukul bit dengan air mawar dan mentega perang sehingga digabungkan. Lipat dalam mascarpone dan ricotta dalam mangkuk. Perasakan dengan garam dan lada sulah yang baru dikisar.

e) Taburkan dua helai kuali dengan tepung semolina.

f) Untuk membuat pasta, gulungkan doh sehingga lembarannya lut sinar. Potong helaian yang digulung menjadi bahagian 12 inci (30 cm) dan tutup selebihnya dengan bungkus plastik.

g) Letakkan kepingan di atas permukaan kerja yang kering dan, menggunakan pemotong roda lurus atau pisau, potong kepingan pasta menjadi segi empat tepat $2\frac{1}{2}$ inci (6 cm) panjang dan 2 inci (5 cm) lebar. Menggunakan beg paip atau sudu, letakkan log isian $1\frac{1}{2}$ inci (3.8 cm) di tengah-tengah segi empat tepat, tinggalkan kira-kira $\frac{1}{4}$ inci (6 mm) ruang pada setiap sisi. Untuk mengelak, lipat tepi bawah di atas inti dan gulungkan pasta dengan teliti daripada anda untuk membentuk bentuk seperti tiub.

h) Gunakan semburan air untuk membantu menutupnya jika perlu. Cubit bahagian tepi, tutup doh di tempat isi berakhir, dan gunakan ibu jari anda untuk mencubit kedua-dua hujung untuk membuat pembentukan T.

i) Tekan perlahan-lahan ke bahagian tengah inti untuk menghasilkan lesung pipit dalam pasta. Berhati-hati letakkan scarpinocc pada kuali lembaran yang ditaburkan semolina, dijarakkan.

j) Didihkan periuk besar air masin. Berhati-hati jatuhkan pasta ke dalam air dan masak sehingga al dente, kira-kira 2 hingga 3 minit. Sementara itu cairkan mentega dalam kuali tumis sederhana dengan api sederhana. Masukkan pasta ke dalam kuali tumis dan gaul hingga sebati.

k) Untuk menghidangkan, bahagikan pasta antara pinggan. Hiaskan dengan biji popi.

46. Culurgione dengan mentega & badam

BERKHIDMAT 4-6

bahan-bahan
- 1 lb (454 g) kentang emas Yukon dikupas dan dibelah empat
- Minyak zaitun
- 1 biji telur
- 1 cawan (100 g) parut Pecorino Romano
- Garam kosher
- Lada hitam yang baru dikisar
- Doh Semolina
- ½ cawan (115 g) mentega
- ¼ cawan (43 g) badam, dicincang
- Pecorino Romano, untuk parut

Arah
a) Untuk membuat inti, letakkan kentang dalam periuk besar. Tutup dengan air sejuk dan perasakan dengan garam.

b) Didihkan periuk air dan masak sehingga kentang empuk, kira-kira 20 hingga 25 minit. Toskan kentang dan lalui kilang makanan atau ricer. Setelah kentang tumbuk, masukkan minyak zaitun, telur dan Pecorino Romano. Perasakan dengan garam dan lada sulah yang baru dikisar.

c) Taburkan dua helai kuali dengan tepung semolina.

d) Untuk membuat pasta, gulungkan doh sehingga lembarannya lut sinar. Potong helaian yang digulung menjadi bahagian 12 inci (30 cm) dan tutup selebihnya dengan bungkus plastik.

e) Letakkan kepingan di atas permukaan kerja yang kering dan, menggunakan pemotong bulat 3 inci (7.5 cm), potong bulatan ke dalam kepingan. Menggunakan beg paip atau sudu, letakkan kira-kira 1 sudu besar (15 g) inti di tengah bulatan pasta, tinggalkan kira-kira 1 inci (2.5 cm) di sekeliling sisi.

f) Untuk membentuk, pegang pasta yang diisi bulat di tangan anda seperti taco, mula cubit doh bersama-sama di bahagian bawah, tolak ke atas sambil anda mencubit bahagian seterusnya, berjalan ke hujung yang lain. Pindahkan culurgione dengan berhati-hati ke dalam kuali lembaran yang ditaburkan semolina, dijarakkan.

g) Didihkan periuk besar air masin. Berhati-hati jatuhkan pasta ke dalam air dan masak sehingga al dente, kira-kira 2 hingga 3 minit.

h) Untuk memerang mentega, dalam kuali tumis yang besar di atas api sederhana tinggi, masukkan mentega. Masak sehingga ia berwarna perang dan mempunyai aroma pedas, kira-kira 3 hingga 4 minit. Masukkan pasta ke dalam mentega perang.

i) Untuk menghidangkan, bahagikan pasta antara mangkuk. Hiaskan dengan badam dan parut Pecorino Romano.

47. Ravioli Labu dengan Kacang

Membuat 4 hidangan

bahan-bahan

- 1 cawan labu
- 1/2 cawan tauhu lebih pejal, hancur
- 2 sudu besar pasli segar cincang
- Cubit buah pala yang dikisar
- Garam dan lada hitam yang baru dikisar
- 1 veganDoh Pasta
- 2 atau 3 bawang merah sederhana, dihiris
- 1 cawan kacang bayi beku, dicairkan

Arah
a) Dalam pemproses makanan, satukan labu, tauhu, yis berkhasiat, pasli, buah pala, serta garam dan lada sulah secukup rasa. Mengetepikan.
b) Potong doh menjadi jalur lebar 2 inci. Letakkan 1 sudu kecil pemadat pada 1 jalur pasta, kira-kira 1 inci dari atas.

c) Letakkan satu sudu teh inti pada jalur pasta, kira-kira satu inci di bawah sudu pertama inti.
d) Basahkan sedikit bahagian tepi doh dengan air dan letakkan jalur kedua pasta di atas yang pertama, menutupi inti.
e) Tekan dua lapisan doh bersama antara bahagian inti. Gunakan pisau untuk memotong bahagian tepi doh supaya lurus, kemudian potong doh di antara setiap timbunan inti untuk membuat ravioli segi empat sama.
f) Pindahkan ravioli ke pinggan tepung dan ulangi dengan baki doh dan sos. Mengetepikan.

g) Panaskan minyak dalam kuali besar dengan api sederhana. Masukkan bawang merah dan masak, kacau secara berkala, selama kira-kira 15 minit, atau sehingga bawang merah berwarna perang keemasan tetapi tidak hangus. Masukkan kacang polong dan perasakan dengan garam dan lada sulah secukup rasa.

h) Masak ravioli dalam periuk besar air masin mendidih sehingga mereka terapung ke atas, kira-kira 5 minit. Toskan hingga sebati dan satukan dengan bawang merah dan kacang polong dalam kuali.

i) Masak selama satu atau dua minit untuk membolehkan perisa sebati sebelum dipindahkan ke mangkuk hidangan yang besar.

j) Hidangkan segera.

POTONG PASTA

48. Fettuccine dengan kerang cukur

BERKHIDMAT 4-6

bahan-bahan
- 1 lb (454 g) kulit Parmigiano-Reggiano
- 1 Sudu besar lada hitam
- 2 qt (1.9 L) air
- 1 biji bawang putih
- Minyak zaitun
- Doh Telur
- Minyak zaitun
- 1 mentol adas, dihiris
- 1 biji bawang besar, potong dadu kecil
- 2 ulas bawang putih, dikisar
- 4 lb (1.8 kg) kerang cukur
- 4 oz (113 g) baccala
- 1 cawan (237 ml) wain putih
- 1 tandan dill, dicincang
- Garam kosher
- Lada hitam yang baru dikisar

- roti Itali
- Minyak zaitun extra-virgin

Arah

a) Untuk membuat kuahnya, masukkan kulit Parmigiano-Reggiano dan biji lada ke dalam air dalam periuk besar pada api sederhana tinggi. Biarkan mendidih. Kecilkan api dan renehkan, kacau sekali-sekala untuk mengelakkan keju daripada melekat pada bahagian bawah periuk. Masak sehingga kuahnya berperisa dan berkurangan separuh, kira-kira 2 jam.

b) Panaskan ketuhar hingga 400°F (204°C). Potong bahagian atas keseluruhan mentol bawang putih. Letakkan di atas kepingan aluminium foil dan renjiskan dengan minyak zaitun. Bakar selama kira-kira 45 minit. Biarkan sejuk dan kemudian perah bunga cengkih ke dalam mangkuk dan tumbuk. Taburkan dua helai kuali dengan tepung semolina.

c) Untuk membuat doh bawang putih panggang, ikut arahan untuk Doh Telur, menggabungkan bawang putih panggang tumbuk dengan bahan basah. Untuk membuat pasta, canai doh sehingga lembaran tebal kira-kira 1 / 16 inci (1.6 mm).

d) Potong helaian yang digulung ke dalam bahagian 12 inci (30 cm) dan, bekerja secara berkelompok, susun kira-kira 4 helai di atas satu sama lain, taburkan semolina dengan murah hati di antara lapisan. Lipat doh ke tengah dan sekali lagi ke hujung yang lain, seperti huruf, untuk membentuk 3 lapisan. Dengan menggunakan pisau, potong doh yang dilipat menjadi jalur $\frac{1}{4}$ inci (6 mm). Dengan tangan anda, goncangkan semolina dan bentuk pasta menjadi sarang kecil. Letakkan fettuccine pada kuali lembaran yang ditaburi semolina.

e) Didihkan periuk besar air.

f) Untuk memasak makanan laut, dalam kuali tumis yang besar pada api sederhana tinggi, gerimis minyak zaitun. Masukkan adas, bawang merah dan bawang putih dan masak sehingga lembut, kira-kira 5 hingga 8 minit. Masukkan kerang cukur, baccala dan wain putih.

g) Masak selama kira-kira 5 hingga 8 minit, sehingga wain berkurangan dan alkoholnya masak. Masukkan dill dan perasakan dengan garam dan lada hitam yang baru dikisar.

h) Berhati-hati jatuhkan pasta ke dalam air dan masak sehingga al dente, kira-kira 2 hingga 3 minit. Kemudian masukkan pasta yang telah dimasak ke dalam makanan laut dan gaul hingga sebati.

i) Untuk menghidangkan, bahagikan pasta antara mangkuk. Sendukkan kuahnya pada pasta. Hiaskan dengan sekeping roti Itali berkerak dan sedikit minyak zaitun extra-virgin.

49. Farfalle dengan tomato panggang

BERKHIDMAT 4–6

bahan-bahan
- Doh Telur
- Minyak zaitun
- 1 ulas bawang putih, hiris nipis
- 1 lb (454 g) tomato Roma, separuh
- 1 cili Calabrian, dihiris nipis
- Garam kosher
- Lada hitam yang baru dikisar
- Minyak zaitun extra-virgin
- Pecorino Romano, untuk parut
- Basil, koyak
- Taburkan dua helai kuali dengan tepung semolina.

Arah

a) Untuk membuat pasta, canai doh sehingga lembaran tebal kira-kira 1 / 16 inci (1.6 mm).

b) Potong helaian yang digulung menjadi bahagian 12 inci (30 cm) dan tutup selebihnya dengan bungkus plastik. Menggunakan pemotong roda lurus, potong helaian memanjang menjadi jalur lebar $1\frac{1}{2}$ inci (4 cm). Kemudian potong merentasi jalur setiap 2 inci (5 cm), membuat segi empat tepat.

c) Dengan segi empat tepat rata di atas meja, letakkan jari telunjuk anda ke bawah di tengah dan ibu jari dan jari tengah anda pada sisi bertentangan pada doh. Kemudian rapatkan ibu jari dan jari tengah anda ke jari telunjuk anda, cubit perlahan-lahan doh yang diikat untuk membentuk bentuk tali leher. Letakkan farfalle dengan berhati-hati pada kuali lembaran yang ditaburkan semolina, dijarakkan.

d) Didihkan periuk besar air masin.

e) Dalam kuali tumis yang besar, dengan api besar, masukkan sedikit minyak zaitun, bawang putih, tomato dan cili. Perasakan dengan garam dan lada hitam yang baru dikisar. Kecilkan api kepada perlahan dan panaskan semasa anda memasak pasta.

f) Berhati-hati jatuhkan pasta ke dalam air mendidih dan masak sehingga al dente, kira-kira 2 hingga 3 minit. Masukkan pasta ke dalam kuali dengan tomato dan toskan hingga sebati.

g) Untuk menghidangkan, bahagikan pasta antara mangkuk. Hiaskan dengan renyai-renyai minyak zaitun extra-virgin, parut Pecorino Romano dan sedikit selasih koyak.

50. Tagliatelle primavera

BERKHIDMAT 4–6

bahan-bahan
- Doh Telur
- Minyak zaitun
- 2 ulas bawang putih, hiris nipis
- 1 biji bawang merah, hiris nipis
- 1 zucchini hijau, dipotong dadu kecil
- 1 labu musim panas, dipotong dadu kecil
- 1 lada merah, potong dadu kecil
- 8 oz (227 g) tomato ceri, dibelah dua
- 1 tandan asparagus, dihiris
- 1 lb (454 g) bayam
- Garam kosher
- Lada hitam yang baru dikisar
- Minyak zaitun extra-virgin
- 1 lemon, diperah
- Parmigiano-Reggiano, untuk parut

Arah

a) Taburkan dua helai kuali dengan tepung semolina.

b) Untuk membuat pasta, canai doh sehingga lembaran tebal kira-kira 1 / 16 inci (1.6 mm).

c) Potong helaian yang digulung ke dalam bahagian 12 inci (30 cm) dan, bekerja secara berkelompok, susun kira-kira 4 helai di atas satu sama lain, taburkan semolina dengan murah hati di antara lapisan.

d) Lipat doh ke tengah dan sekali lagi ke hujung yang lain, seperti huruf, untuk membentuk 3 lapisan. Menggunakan pisau, potong doh yang dilipat menjadi jalur lebar $\frac{1}{4}$ inci (6 mm). Dengan tangan anda, goncangkan semolina dan bentuk pasta menjadi sarang kecil. Letakkan tagliatelle pada kuali lembaran yang ditaburi semolina.

e) Didihkan periuk besar air masin.

f) Dalam kuali tumis yang besar, tambahkan sedikit minyak zaitun, bawang putih, bawang merah, zucchini, labu musim panas, lada, tomato dan asparagus. Masak sehingga lembut, kira-kira 5 minit, dan kemudian masukkan bayam.

g) Perasakan dengan garam dan lada hitam yang baru dikisar. Berhati-hati jatuhkan pasta ke dalam air mendidih dan masak sehingga al dente, kira-kira 2 hingga 3 minit. Masukkan pasta ke dalam kuali dengan semua sayur-sayuran dan toskan untuk menggabungkan.

h) Untuk menghidangkan, bahagikan pasta antara mangkuk. Hiaskan dengan sedikit minyak zaitun extra-virgin, kulit limau dan Parmigiano-Reggiano parut.

51. Spaghetti alla chitarra & telur rebus

BERKHIDMAT 4-6

bahan-bahan
- 3½ cawan (868 g) garam halal
- 3 Sudu besar lada hitam yang dikisar
- 2 tangkai thyme
- 1 tangkai rosemary
- 3 biji kuning telur
- Doh Telur
- 3 Sudu Besar (48 ml) dakwat sotong
- 1 Sudu Besar (16 ml) cuka
- 4-6 biji telur
- Minyak zaitun extra-virgin
- Lada merah ditumbuk, secukup rasa
- Garam kosher
- Lada hitam yang baru dikisar

Arah

a) Untuk membuat kuning telur, campurkan bersama garam, lada sulah, thyme dan rosemary dalam mangkuk adunan.

Kemudian dalam bekas dengan bahagian bawah rata, masukkan kira-kira tiga perempat daripada campuran garam. Dengan tangan anda, buat telaga individu untuk kuning.

b) Berhati-hati meletakkan kuning dalam garam dan tutup dengan campuran garam yang tinggal.

c) Tutup bekas dan masukkan ke dalam peti sejuk selama 3 hari. Selepas 3 hari, kuning telur harus agak keras apabila disentuh. Berhati-hati mengeluarkannya dari garam dan bersihkan lebihan. Letakkan kuning telur secara berasingan dalam sekeping kain tipis atau di atas rak untuk kering selama 3 hari lagi di dalam peti sejuk.

d) Untuk membuat spageti dakwat sotong, ikut arahan untuk Doh Telur, masukkan dakwat sotong dengan bahan basah. Untuk membuat pasta, canai doh sehingga lembaran tebal kira-kira 1 / 16 inci (1.6 mm).

e) Taburkan dua helai kuali dengan tepung semolina.

f) Jika anda memotong doh dengan chitarra, potong bahagian yang digulung dengan panjang yang sama dengan chitarra anda.

g) Taburkan kedua-dua belah doh dan bahagian atas tali dengan semolina. Menggunakan pin penggelek, tekan sedikit doh untuk meletakkannya di tempatnya supaya ia tidak tergelincir. Kemudian, tekan ke bawah dengan lebih kuat untuk memotong doh melalui tali menjadi spageti.

h) Goncang lebihan semolina dan bentuk menjadi sarang kecil. Letakkan spageti di atas kuali lembaran yang ditaburi semolina.

i) Jika anda memotong spageti dengan tangan, potong helaian yang telah digulung menjadi bahagian 12 inci (30 cm) dan, bekerja secara berkelompok, susun kira-kira 4 helai di atas satu sama lain, taburkan semolina secara bermurah hati di antara lapisan. Lipat doh ke tengah dan sekali lagi ke hujung yang lain, seperti huruf, untuk membentuk 3 lapisan.

j) Dengan menggunakan pisau, potong doh yang dilipat menjadi jalur tebal 1 / 16 inci (1.6 mm) (kira-kira saiz yang sama dengan ketebalan doh). Dengan tangan anda, goncangkan semolina dan bentuk menjadi sarang kecil. Letakkan spageti pada kuali lembaran yang ditaburi semolina.

k) Didihkan periuk besar air masin. Sementara itu, mulakan memburu telur. Dalam periuk sederhana, masak air hingga mendidih dengan cuka. Kecilkan hingga mendidih dan perlahan-lahan pusingkan air untuk membuat pusaran air. Bekerja secara berkelompok, pecahkan telur ke dalam air dan biarkan masak selama kira-kira 3 minit atau sehingga putih agak pejal.

l) Keluarkan dengan berhati-hati dengan sudu berlubang dan toskan pada tuala kertas. Setelah semua telur masak, masukkan pasta ke dalam air mendidih.

m) Dalam kuali tumis yang besar, masukkan minyak zaitun dan lada merah yang dihancurkan. Masukkan pasta yang telah dimasak ke dalam kuali dan gaul hingga sebati. Perasakan dengan garam dan lada hitam yang baru dikisar.

n) Untuk menghidang, bahagikan antara mangkuk. Berhati-hati letakkan telur rebus di atas pasta. Hiaskan dengan minyak zaitun extra-virgin dan kuning telur parut.

52. Pappardelle & cendawan bolognese

BERKHIDMAT 4–6

bahan-bahan

- Minyak zaitun

- 3 ulas bawang putih, hiris nipis

- 2 lobak merah, potong dadu kecil

- 2 batang saderi, potong dadu kecil

- 1 biji bawang besar, potong dadu kecil

- 3 lb (1.4 kg) cendawan liar, dipotong dadu kecil

- Garam kosher

- Lada hitam yang baru dikisar

- 3 Sudu Besar (48 g) pes tomato

- 1 cawan (237 ml) wain merah

- 1 (28-oz [794-g]) tin tomato dihancurkan

- 1 tandan thyme

- 1 tandan daun pasli Itali

- Doh Telur

- Parmigiano-Reggiano, untuk parut

- Basil, dihiris nipis

Arah

a) Untuk membuat Bolognese cendawan, dalam periuk besar di atas api sederhana, tambahkan sedikit minyak zaitun. Kemudian masukkan bawang putih, lobak merah, saderi, bawang besar dan cendawan. Perasakan dengan garam dan lada hitam yang baru dikisar dan masak sehingga lembut, kira-kira 4 minit. Masukkan pes tomato dan masak selama kira-kira satu minit, kacau kerap.

b) Tambah wain merah dan biarkan ia berkurangan separuh, kira-kira 2 minit. Kemudian masukkan tomato hancur, thyme dan pasli cincang. Kecilkan api dan biarkan masak selama kira-kira 45 minit.

c) Taburkan dua helai kuali dengan tepung semolina.

d) Untuk membuat pasta, canai doh sehingga lembaran tebal kira-kira 1 / 16 inci (1.6 mm).

e) Potong helaian yang digulung ke dalam bahagian 12 inci (30 cm) dan, bekerja secara berkelompok, susun kira-kira 4 helai di atas satu sama lain, taburkan semolina dengan murah hati di antara lapisan.

f) Lipat doh ke tengah dan sekali lagi ke hujung yang lain, seperti huruf, untuk membentuk 3 lapisan. Dengan menggunakan pisau, potong doh yang dilipat menjadi jalur 1 inci (2.5 cm). Dengan tangan anda, goncangkan semolina dan bentuk pasta menjadi sarang kecil. Letakkan pappardelle pada kuali lembaran yang ditaburi semolina.

g) Didihkan periuk besar air masin.

h) Dalam kuali tumis yang besar, dengan api sederhana, masukkan sedikit minyak zaitun dan sedikit cendawan Bolognese. Berhati-hati jatuhkan pasta ke dalam air mendidih dan masak sehingga al dente, kira-kira 2 hingga 3 minit. Masukkan pasta ke dalam kuali bersama sos dan gaul hingga sebati.

i) Untuk menghidangkan, bahagikan pasta antara mangkuk. Hiaskan dengan Parmigiano-Reggiano parut dan selasih.

j) Menggunakan pisau tajam, potong doh yang dilipat menjadi jalur 1 inci (2.5 cm).

53. Mafaldine koko dengan burung puyuh

BERKHIDMAT 4-6

bahan-bahan
- 4 ekor puyuh, dibuang tulangnya
- Garam kosher
- Lada hitam yang baru dikisar
- Minyak zaitun
- 1 lobak merah, potong dadu kecil
- 2 batang saderi, potong dadu kecil
- 1 biji bawang besar, potong dadu kecil
- 3 ulas bawang putih, dikisar
- 8 oz (227 g) tomato ceri
- 2 Sudu Besar (32 g) pes tomato
- 1 cawan (237 ml) wain merah
- 2 cawan (472 ml) stok ayam
- 1 daun salam
- 1 tandan thyme
- Doh Telur
- 3 Sudu Besar (21 g) serbuk koko

- 1 ikat daun kucai, dihiris nipis
- ½ cawan (58 g) walnut, dicincang kasar

Arah

a) Panaskan ketuhar hingga 350°F (177°C).

b) Untuk membuat ragu puyuh, perasakan puyuh dengan garam dan lada hitam yang baru dikisar. Dalam ketuhar Belanda yang besar, dengan api yang tinggi, tambahkan sedikit minyak zaitun dan puyuh. Coklat pada semua sisi, kira-kira 2 minit setiap sisi. Mengetepikan. Dalam periuk yang sama, masukkan sedikit minyak zaitun, lobak merah, saderi, bawang besar, bawang putih dan tomato.

c) Masak sehingga lembut, kira-kira 2 minit. Kemudian masukkan pes tomato dan masak selama kira-kira 1 minit, kacau kerap. Tambah wain merah dan biarkan ia berkurangan separuh, kira-kira 2 minit. Masukkan stok ayam, daun bay dan thyme dan perasakan dengan garam dan lada hitam yang baru dikisar. Kembalikan puyuh ke dalam ketuhar Belanda dan biarkan mendidih. Tutup dan masukkan ke dalam ketuhar.

d) Masak selama kira-kira 2 jam atau sehingga daging empuk. Keluarkan daun bay sebelum dihidangkan.

e) Taburkan dua helai kuali dengan tepung semolina.

f) Untuk membuat doh koko, ikut arahan untuk Doh Telur, masukkan serbuk koko dengan bahan kering.

g) Untuk membuat pasta, gulungkan doh sehingga lembarannya lut sinar. Potong helaian yang digulung menjadi bahagian 12 inci (30 cm) dan tutup selebihnya dengan bungkus plastik.

h) Letakkan helaian di atas permukaan kerja yang kering dan menggunakan pemotong bergalur, potong kepingan pasta memanjang menjadi jalur $\frac{1}{4}$ inci (6 mm). Dengan tangan anda, goncangkan semolina dan letakkan mafaldine di atas kuali lembaran yang telah di habuk semolina.

i) Didihkan periuk besar air masin.

j) Dalam kuali tumis yang besar, dengan api sederhana, masukkan sedikit ragu puyuh. Berhati-hati jatuhkan pasta ke dalam air mendidih dan masak sehingga al dente, kira-kira 2 hingga 3 minit. Masukkan pasta yang telah dimasak ke dalam ragu dan gaul hingga sebati.

k) Untuk menghidangkan, bahagikan pasta antara mangkuk. Hiaskan dengan daun kucai dan kacang kenari yang dicincang.

54. Herba fettuccine dengan kerang

BERKHIDMAT 4–6

bahan-bahan

- ½ cawan (118 ml) minyak zaitun

- 1 tandan daun pasli Itali

- 1 tandan dill

- 1 tandan tarragon

- Doh Telur

- Minyak zaitun

- 3 ulas bawang putih, hiris nipis

- 3 lb (1.4 kg) kupang

- 2 cawan (472 ml) wain putih

- Minyak zaitun

- 4 oz (113 g) bintik, dipotong menjadi ½ inci

- (12-mm) keping

- Garam kosher

- Lada hitam yang baru dikisar

- Lada Espelette, secukup rasa

- Pasli daun rata Itali, dipetik

Arah

a) Dalam pemproses makanan, tambah minyak zaitun, pasli, dill dan tarragon. Proses sehingga licin sepenuhnya.

b) Untuk membuat adunan herba, ikut arahan untukDoh Telur, menggabungkan herba puri dengan bahan basah.

c) Taburkan dua helai kuali dengan tepung semolina.

d) Untuk membuat pasta, canai doh sehingga lembaran tebal kira-kira 1 / 16 inci (1.6 mm).

e) Potong helaian yang digulung ke dalam bahagian 12 inci (30 cm) dan, bekerja secara berkelompok, susun kira-kira 4 helai di atas satu sama lain, taburkan semolina dengan murah hati di antara lapisan.

f) Lipat doh ke tengah dan sekali lagi ke hujung yang lain, seperti huruf, untuk membentuk 3 lapisan. Dengan menggunakan pisau, potong doh yang dilipat menjadi jalur ¼ inci (6 mm). Dengan tangan anda, goncangkan semolina dan bentuk pasta menjadi sarang kecil. Letakkan fettuccine pada kuali lembaran yang ditaburi semolina.

g) Dalam periuk besar, dengan api besar, masukkan sedikit minyak zaitun dan bawang putih. Kemudian masukkan kerang dan wain putih. Tutup dan biarkan kerang mengukus, kira-kira 5 hingga 6 minit. Setelah semua cangkerang terbuka, keluarkan dari api dan biarkan sejuk. Keluarkan daging dari cangkerang dan rizab.

h) Didihkan periuk besar air masin.

i) Dalam kuali tumis yang besar, dengan api yang sederhana tinggi, masukkan sedikit minyak zaitun dan bintik. Masak selama kira-kira 3 minit dan kemudian masukkan pasta ke dalam air mendidih. Masak sehingga al dente, kira-kira 2 hingga 3 minit. Masukkan pasta ke dalam kuali tumis bersama kupang dan gaul hingga sebati. Perasakan dengan garam dan lada hitam yang baru dikisar.

j) Untuk menghidangkan, bahagikan pasta antara mangkuk. Hiaskan dengan lada Espelette dan pasli.

55. Pizzoccheri dengan grana padana

BERKHIDMAT 4-6

bahan-bahan
- 1 cawan (120 g) tepung soba
- 2¼ cawan (286 g) 00 tepung
- 1 Sudu Besar (16 g) garam halal
- 14 biji kuning telur
- 2 sudu teh minyak zaitun extra-virgin
- 1 lb (454 g) ubi kentang
- 2 tangkai rosemary
- Minyak zaitun
- 1 tandan Swiss chard, tulang rusuk dibuang,
- potong-potong
- 1 ulas bawang putih, dikisar
- Garam kosher
- Lada hitam yang baru dikisar
- ¼ cawan (58 g) mentega tanpa garam
- Grana Padano, untuk parut

Arah

a) Untuk membuat doh pizzoccheri, campurkan tepung soba, 00 tepung dan garam pada permukaan kerja yang kering. Bentuk busut dengan diameter kira-kira 10 inci (25 cm). Menggunakan tangan anda, buat perigi di tengah-tengah campuran tepung-dan-garam. Tuangkan kuning telur dan minyak perlahan-lahan ke tengah dan pukul perlahan. Sapukan tepung secara beransur-ansur menggunakan jari atau garpu. Satukan tepung, kuning telur dan minyak hingga sebati. Jika doh melekat pada permukaan kerja anda, tambah sedikit tepung. Jika doh terasa kering, semburkan sedikit air untuk mengikatnya.

b) Setelah doh dibentuk menjadi bebola, mula menguli dengan menolak ke bawah dengan tumit tangan anda dan memutarkannya. Uli doh lebih kurang 10 hingga 15 minit. Doh telah diuli yang mencukupi apabila ia kelihatan licin dan muncul kembali apabila anda menekannya.

c) Balut doh rapat-rapat dengan bungkus plastik dan biarkan ia berehat sekurang-kurangnya 30 minit pada suhu bilik sebelum digunakan.

d) Dalam periuk sederhana, dengan api yang tinggi, masukkan anak jari dan rosemary dengan air yang cukup untuk menutupinya. Biarkan mendidih. Masak sehingga kentang separa masak, kira-kira 8 hingga 10 minit. Biarkan ia sejuk dan kemudian potong separuh memanjang.

e) Taburkan dua helai kuali dengan tepung semolina. Untuk membuat pasta, canai doh sehingga lembaran tebal kira-kira 1 / 16 inci (1.6 mm).

f) Potong helaian yang dilancarkan ke dalam bahagian 12 inci (30 cm) dan kerjakan dalam kelompok tindanan kira-kira 4 helai di atas satu sama lain, dengan murah hati menabur semolina di antara lapisan.

g) Menggunakan pemotong roda lurus, potong doh yang disusun menjadi jalur $\frac{1}{2}$ inci (12 mm) kali 3 inci (7.5 cm). Letakkan pizzoccheri pada kuali lembaran yang ditaburi semolina.

h) Didihkan periuk besar air masin. Sementara itu, dalam kuali tumis yang besar, dengan api sederhana besar, masukkan sedikit minyak zaitun dan anak jari yang dihiris (dipotong ke bawah).

i) Biarkan kentang menjadi perang, kira-kira 2 minit, kemudian masukkan chard Swiss dan bawang putih. Perasakan dengan garam dan lada hitam yang baru dikisar. Kecilkan api dan jatuhkan pasta ke dalam air mendidih. Masak sehingga al dente, kira-kira 1 hingga 2 minit. Masukkan pasta ke dalam kuali dengan Swiss chard dan toskan hingga sebati.

j) Masukkan mentega dan parut dalam beberapa Grana Padano. Untuk menghidang, bahagikan antara mangkuk. Hiaskan dengan Grana Padano yang lebih parut.

56. Tagliarini dengan buah zaitun cerignola

BERKHIDMAT 4-6

bahan-bahan
- Doh Telur
- Minyak zaitun
- 1 ulas bawang putih, dikisar
- 1 cawan (180 g) buah zaitun Cerignola, diadu
- 4 biji ikan bilis, dikisar
- ¼ cawan (60 g) caper, dicincang
- 1 tandan pasli, dicincang
- Garam kosher
- Lada hitam yang baru dikisar
- ¼ cawan (45 g) Parmigiano-Reggiano parut
- Minyak zaitun extra-virgin
- 1 lemon, diperah

Arah
a) Taburkan dua helai kuali dengan tepung semolina.

b) Untuk membuat pasta, canai doh sehingga lembaran tebal kira-kira 1 / 16 inci (1.6 mm).

c) Potong helaian yang digulung ke dalam bahagian 12 inci (30 cm) dan, bekerja secara berkelompok, susun kira-kira 4 helai di atas satu sama lain, taburkan semolina dengan murah hati di antara lapisan.

d) Lipat doh ke tengah dan sekali lagi ke hujung yang lain, seperti huruf, untuk membentuk 3 lapisan. Menggunakan pisau, potong doh yang dilipat menjadi jalur $\frac{1}{8}$ inci (3 mm). Dengan tangan anda, goncangkan semolina dan bentuk pasta menjadi sarang kecil. Letakkan tagliarini pada kuali lembaran yang ditaburi semolina.

e) Didihkan periuk besar air masin.

f) Dalam kuali tumis yang besar, dengan api sederhana, masukkan sedikit minyak zaitun, bawang putih, zaitun, ikan bilis, caper, pasli, garam dan lada sulah dan kacau hingga sebati. Berhati-hati jatuhkan pasta ke dalam air mendidih dan masak sehingga al dente, kira-kira 2 hingga 3 minit. Masukkan pasta ke dalam kuali tumis dengan Parmigiano-Reggiano parut dan toskan hingga sebati.

g) Untuk menghidang, bahagikan antara mangkuk. Hiaskan dengan minyak zaitun extra-virgin dan kulit lemon.

57. Spaghetti cacio dan pepe

BERKHIDMAT 4–6

bahan-bahan

- Doh Telur

- ½ cawan (115 g) mentega tanpa garam

- Lada hitam yang baru dikisar

- ¾ cawan (75 g) Pecorino parut

- Romano, tambah lagi untuk hiasan

- Minyak zaitun extra-virgin

Arah

a) Taburkan dua helai kuali dengan tepung semolina.

b) Untuk membuat pasta, canai doh sehingga lembaran tebal kira-kira 1 / 16 inci (1.6 mm).

c) Potong helaian yang digulung ke dalam bahagian 12 inci (30 cm) dan, bekerja secara berkelompok, susun kira-kira 4 helai di atas satu sama lain, taburkan semolina dengan murah hati di antara lapisan.

d) Lipat doh ke tengah dan sekali lagi ke hujung yang lain, seperti huruf, untuk membentuk 3 lapisan. Dengan menggunakan pisau, potong doh yang dilipat menjadi jalur tebal 1 / 16 inci (1.6 mm) (kira-kira saiz yang sama dengan ketebalan doh).

e) Dengan tangan anda, goncangkan semolina dan bentuk pasta menjadi sarang kecil. Letakkan spageti di atas kuali lembaran yang ditaburi semolina.

f) Didihkan periuk besar air masin.

g) Dalam kuali tumis yang besar, dengan api sederhana besar, masukkan mentega dan cair. Sementara itu, letakkan pasta dengan teliti ke dalam air mendidih dan masak sehingga al dente, kira-kira 2 hingga 3 minit. Masukkan pasta ke dalam kuali dengan mentega dan gaul hingga sebati. Perasakan dengan lada hitam yang baru dikisar dan Pecorino Romano parut.

h) Untuk menghidangkan, bahagikan pasta antara mangkuk. Hiaskan dengan minyak zaitun dan lebih banyak parut Pecorino Romano.

58. Stracci chestnut dengan rusuk babi

BERKHIDMAT 4–6

bahan-bahan

- 4 lb (1.8 kg) rusuk babi
- Garam kosher
- Lada hitam yang baru dikisar
- Minyak zaitun
- 2 biji pir, potong dadu kecil
- 3 ulas bawang putih, cincang
- 1 biji bawang besar, potong dadu kecil
- 2 lobak merah, potong dadu kecil
- 2 batang saderi, potong dadu kecil
- 1 cawan (237 ml) stok ayam
- 1 (28-oz [794-g]) tin tomato dihancurkan
- 1 tandan daun pasli Itali
- Doh Telur
- 3 Sudu Besar (17 g) tepung berangan
- Minyak zaitun
- Pasli daun rata Itali, dicincang

- Parmigiano-Reggiano, untuk parut

Arah

a) Panaskan ketuhar hingga 375°F (190°C).

b) Untuk membuat tulang rusuk babi yang direbus, perasakan tulang rusuk dengan garam dan lada hitam yang baru dikisar. Dalam ketuhar Belanda yang besar, dengan api yang tinggi, tambahkan sedikit minyak zaitun. Bekerja dalam kumpulan, perangkan tulang rusuk, kira-kira 2 minit pada setiap sisi, dan ketepikan. Tambah sedikit lagi minyak zaitun, pear, bawang putih, bawang merah, lobak merah dan saderi dan masak sehingga lembut, kira-kira 3 hingga 4 minit.

c) Kemudian masukkan pati ayam, tomato dan pasli. Perasakan dengan garam dan lada hitam yang baru dikisar. Tutup dan masukkan ke dalam ketuhar. Masak selama kira-kira 2 jam atau sehingga daging jatuh dari tulang. Biarkan sejuk, dan buang tulang rusuknya. Tetap hangat.

d) Taburkan dua helai kuali dengan tepung semolina.

e) Untuk membuat doh berangan, ikut arahan untuk Doh Telur, menggabungkan tepung berangan dengan bahan kering.

f) Untuk membuat pasta, canai doh sehingga lembaran setebal kira-kira 1 / 16 inci (1.6 mm).

g) Potong helaian yang digulung menjadi bahagian 12 inci (30 cm) dan tutup selebihnya dengan bungkus plastik.

h) Letakkan kepingan di atas permukaan kerja yang kering dan gunakan pemotong roda lurus atau pisau, potong kepingan pasta menjadi segi empat sama 2 inci (5 cm). Letakkan Stracci dengan berhati-hati pada kuali lembaran yang ditaburkan semolina, dijarakkan.

i) Didihkan periuk besar air masin.

j) Dalam kuali tumis yang besar, dengan api sederhana besar, tambahkan sedikit minyak zaitun dan sedikit tulang rusuk daging babi yang direbus. Berhati-hati jatuhkan pasta ke dalam air mendidih dan masak sehingga al dente, kira-kira 2 hingga 3 minit. Masukkan pasta ke dalam kuali dengan daging babi dan toskan hingga sebati.

k) Untuk menghidangkan, bahagikan pasta antara mangkuk. Hiaskan dengan pasli dan parut Parmigiano-Reggiano.

59. Garganelli herba dengan articok

BERKHIDMAT 4-6

bahan-bahan
- ½ cawan (118 ml) minyak zaitun
- 1 tandan daun pasli Itali
- 1 tandan dill
- 1 tandan tarragon
- Doh Telur
- 2 biji lemon, 1 dijus, 1 diperah
- 4 articok sederhana
- ¼ cawan (59 ml) minyak zaitun
- 1 biji bawang besar, potong dadu
- 2 ulas bawang putih, ditumbuk
- 1 tandan pasli
- 1 cawan (237 ml) wain putih
- 1 cawan (237 ml) stok ayam
- ½ cawan (115 g) mentega tanpa garam
- Minyak zaitun
- 1 ulas bawang putih, hiris nipis

- 1 lemon Meyer, jus dan kulit

- Garam kosher

- Lada hitam yang baru dikisar

- Pecorino Romano, untuk parut

Arah

a) Dalam pemproses makanan, tambah minyak zaitun, pasli, dill dan tarragon. Proses sehingga licin sepenuhnya. Untuk membuat herba garganelli, ikut arahan untuk Doh Telur, menggabungkan sayur-sayuran puri dengan bahan-bahan basah.

b) Taburkan dua helai kuali dengan tepung semolina. Untuk membuat pasta, canai doh sehingga lembaran tebal kira-kira 1 / 16 inci (1.6 mm).

c) Potong helaian yang digulung menjadi bahagian 12 inci (30 cm) dan tutup selebihnya dengan bungkus plastik. Letakkan kepingan di atas permukaan kerja yang kering dan, menggunakan pemotong roda lurus atau pisau, potong kepingan pasta menjadi segi empat sama 2 inci (5 cm).

d) Letakkan segi empat sama yang dipotong pada papan garganelli anda secara menyerong supaya ia menyerupai berlian. Letakkan dowel kayu di bahagian bawah berlian dan gulungkannya di atas.

e) Menggunakan tekanan lembut, gulungkan dowel daripada anda untuk membentuk bentuk garganelli seperti tiub. Letakkan pasta pada kuali lembaran yang ditaburi semolina, dijarakkan.

f) Untuk merebus articok, isi mangkuk besar dengan air dan jus 1 lemon, masukkan bahagian limau juga. Bilas setiap articok dan potong $\frac{1}{2}$ inci (12 mm) dari tangkai. Potong 1 inci (2.5 cm) dari bahagian atas setiap articok. Kemudian potong setiap articok kepada separuh, dari tangkai ke hujung, dan keluarkan tercekik dengan sudu. Keluarkan daun luar yang keras dan potong bahagian luar tangkai dengan pisau pengupas.

g) Masukkan articok yang disediakan ke dalam mangkuk air lemon untuk mengelakkannya daripada keperangan.

Dalam periuk besar di atas api sederhana, masukkan minyak zaitun, bawang besar, bawang putih dan pasli dan masak selama kira-kira 3 minit atau sehingga lut sinar. Masukkan articok yang telah dibersihkan dan wain putih.

h) Biarkan wain putih berkurangan separuh, kira-kira 2 minit. Masukkan stok ayam, perahan 1 lemon dan mentega; tutup dan masak selama kira-kira 20 minit dengan api perlahan, sehingga lembut.

i) Didihkan periuk besar air masin. Dalam kuali tumis yang besar, di atas api sederhana tinggi, masukkan sedikit minyak zaitun, bawang putih dan articok rebus. Berhati-hati jatuhkan pasta ke dalam air mendidih dan masak sehingga al dente, kira-kira 2 hingga 3 minit.

j) Masukkan pasta yang telah dimasak ke dalam kuali dengan jus lemon dan gaul hingga sebati. Perasakan dengan garam dan lada hitam yang baru dikisar.

k) Untuk menghidangkan, bahagikan pasta antara pinggan. Hiaskan dengan kulit lemon dan parut Pecorino Romano.

60. Cappellacci & caponata terung

BERKHIDMAT 4-6

bahan-bahan
- Doh Telur
- Minyak zaitun
- 1 biji bawang besar, potong dadu kecil
- 1 ulas bawang putih, dikisar
- 1 biji terung besar, kupas dan potong dadu
- 3 Sudu Besar (48 g) pes tomato
- 3 Sudu Besar (45 g) caper, dicincang
- 1 tandan daun pasli Itali
- Garam kosher
- Lada hitam yang baru dikisar
- $\frac{1}{4}$ cawan (32 g) kacang pignoli, dibakar
- Basil, koyak
- Parmigiano-Reggiano, untuk parut

Arah

a) Taburkan dua helai kuali dengan tepung semolina.

b) Untuk membuat pasta, canai doh sehingga lembaran tebal kira-kira 1 / 16 inci (1.6 mm).

c) Potong helaian yang digulung menjadi bahagian 12 inci (30 cm) dan tutup selebihnya dengan bungkus plastik. Letakkan kepingan di atas permukaan kerja yang kering dan, menggunakan pemotong bulat 2 inci (5 cm), potong bulatan ke dalam kepingan. Untuk membentuk pasta, bungkus setiap pusingan doh pasta di sekeliling jari telunjuk anda untuk membentuk kon berhujung terbuka.

d) Tutup pasta pada tepi dan gulung perlahan-lahan bahagian bawah pasta. Pindahkan cappellacci dei briganti dengan berhati-hati ke dalam kuali berhabuk semolina, berdiri tegak dan dijarakkan.

e) Untuk membuat caponata terung, dalam kuali tumis yang besar, dengan api sederhana sederhana, tambahkan sedikit minyak zaitun, bawang merah, bawang putih dan terung. Masak sehingga terung sangat lembut dan pecah, kira-kira 6 hingga 8 minit. Kemudian masukkan pes tomato, caper dan pasli dan perasakan dengan garam dan lada hitam yang baru dikisar. Tetap hangat.

f) Didihkan periuk besar air masin. Berhati-hati jatuhkan pasta ke dalam air mendidih dan masak sehingga al dente, kira-kira 2 hingga 3 minit. Masukkan pasta ke dalam kuali dengan caponata dan sedikit air pasta. Kacau hingga sebati.

g) Untuk menghidangkan, bahagikan pasta antara mangkuk. Hiaskan dengan kacang pignoli, selasih dan Parmigiano-Reggiano parut.

61. Tinta farfalle dengan sotong

BERKHIDMAT 4–6

bahan-bahan
- Doh Telur
- 3 Sudu Besar (48 ml) dakwat sotong
- 1 (3-lb [1.4-kg]) sotong
- ¼ cawan (59 ml) minyak zaitun
- 1 biji bawang, dibelah empat
- 1 ulas bawang putih
- 1 tandan pasli
- 1 cawan (237 ml) wain putih
- 2 daun salam
- 3 biji tomato, dicincang
- Minyak zaitun
- 1 mentol adas, dihiris nipis, pelepah
- terpelihara
- 1 cili Calabrian, dihiris nipis
- 1 (15.5-oz [440-g]) tin kacang ayam
- Garam kosher

- Lada hitam yang baru dikisar
- 1 lemon, jus dan kulit

Arah

a) Untuk membuat doh dakwat sotong, ikut arahan untuk Doh Telur, masukkan dakwat sotong dengan bahan basah. Untuk membuat pasta, canai doh sehingga lembaran tebal kira-kira 1 / 16 inci (1.6 mm).

b) Taburkan dua helai kuali dengan tepung semolina.

c) Untuk membuat pasta, potong kepingan yang telah digulung kepada bahagian 12 inci (30 cm) dan tutup selebihnya dengan bungkus plastik. Menggunakan pemotong roda lurus, potong helaian memanjang menjadi jalur lebar $1\frac{1}{2}$ inci (3.8 cm). Kemudian potong merentasi jalur setiap 2 inci (5 cm), membuat segi empat tepat.

d) Dengan segi empat tepat rata di atas meja, letakkan jari telunjuk anda ke bawah di tengah dan ibu jari dan jari tengah anda pada sisi bertentangan pada doh. Kemudian rapatkan ibu jari dan jari tengah anda ke jari telunjuk anda, cubit perlahan-lahan doh yang diikat untuk membentuk bentuk tali leher. Berhati-hati meletakkannya di atas kuali yang ditaburkan semolina, dijarakkan.

e) Untuk merebus sotong, dalam periuk besar, dengan api yang tinggi, masukkan sotong, minyak zaitun, bawang, bawang putih, pasli, wain putih, daun bay dan tomato. Perlahankan api, tutup dan biarkan ia masak sehingga lembut, kira-kira $1\frac{1}{2}$ hingga 2 jam. Potong sotong yang telah disejukkan menjadi kepingan. Keluarkan daun bay sebelum dihidangkan.

f) Didihkan periuk besar air masin.

g) Dalam kuali besi tuang yang besar, dengan api yang tinggi, masukkan sedikit minyak zaitun dan sotong yang dipotong. Goreng sotong, masak selama kira-kira 1 minit pada setiap sisi. Mengetepikan. Dalam kuali yang sama, dengan api sederhana, masukkan sedikit minyak zaitun, adas, cili dan kacang ayam.

Perasakan dengan garam dan lada hitam yang baru dikisar.

h) Berhati-hati masukkan pasta ke dalam air mendidih dan masak sehingga al dente, kira-kira 2 hingga 3 minit. Masukkan pasta yang telah dimasak ke dalam kuali dengan kacang ayam dan toskan hingga sebati. Letakkan sotong hangus kembali ke dalam kuali dan toskan.

i) Untuk menghidangkan, bahagikan pasta antara pinggan. Hiaskan dengan jus lemon dan kulit lemon.

62. Corzetti pudina dengan sosej kambing

BERKHIDMAT 4-6

bahan-bahan
- 1 tandan pudina
- 1 cawan (237 ml) wain putih
- 3 cawan (381 g) 00 tepung
- 2 biji telur
- Minyak zaitun
- 1 lb sosej kambing, dikeluarkan dari sarung
- 3 ulas bawang putih, dikisar
- 1 lb (454 g) brokoli rabe, dicincang
- Lemon, jus dan kulit
- Lada merah ditumbuk, secukup rasa
- Garam kosher
- Lada hitam yang baru dikisar

Arah

a) Untuk membuat doh corzetti pudina, gabungkan pudina dan wain putih dalam pemproses makanan dan nadi sehingga licin. Letakkan tepung 00 di atas permukaan kerja yang kering.

b) Bentuk busut dengan diameter kira-kira 10 inci (25 cm). Menggunakan tangan anda, buat perigi di tengah tepung. Perlahan-lahan tuangkan telur dan emulsi pudina/wain ke tengah dan pukul perlahan-lahan. Masukkan tepung secara beransur-ansur, menggunakan jari atau garpu.

c) Satukan adunan tepung dan telur sehingga sebati. Jika doh melekat pada permukaan kerja anda, tambah sedikit tepung. Jika doh terasa kering, semburkan sedikit air untuk mengikatnya.

d) Setelah doh dibentuk menjadi bebola, mula menguli dengan menolak ke bawah dengan tumit tangan anda dan memutarkannya. Uli doh lebih kurang 10 hingga 15 minit. Doh telah diuli yang mencukupi apabila ia kelihatan licin dan muncul kembali apabila anda menekannya. Balut doh rapat-rapat dengan bungkus plastik dan biarkan ia berehat sekurang-kurangnya 30 minit pada suhu bilik sebelum digunakan.

e) Taburkan dua helai kuali dengan tepung semolina. Untuk membuat corzetti, canai doh sehingga kepingan kira-kira 1 / 16 inci (1.6 mm) tebal.

f) Potong helaian yang digulung menjadi bahagian 12 inci (30 cm) dan tutup selebihnya dengan bungkus plastik. Letakkan helaian di atas permukaan kerja yang kering dan, menggunakan setem corzetti, potong doh menjadi bulat menggunakan bahagian bawah setem.

g) Letakkan bulat yang dipotong di antara dua bahagian setem dan gunakan tekanan ringan. Jika anda tidak mempunyai setem corzetti, anda hanya boleh menggunakan pemotong bulat 2 inci (5 cm) untuk memotong bulatan. Berhati-hati letakkan corzetti di atas kuali yang ditaburkan semolina dan biarkan ia tidak bertutup sehingga sedia untuk dimasak.

h) Didihkan periuk besar air masin. Dalam kuali tumis yang besar, dengan api sederhana besar, masukkan sedikit minyak zaitun, sosej kambing dan bawang putih. Masak sehingga perang, kira-kira 5 hingga 6 minit. Masukkan brokoli rabe ke dalam kuali dengan sosej dan masak sehingga layu, kira-kira 2 hingga 3 minit.

i) Perasakan dengan jus lemon, kulit limau, lada merah yang telah dihancurkan, garam dan lada sulah yang baru dikisar. Kecilkan api kepada perlahan dan kekalkan panas.

j) Berhati-hati jatuhkan pasta ke dalam air mendidih dan masak sehingga al dente, kira-kira 2 hingga 3 minit. Masukkan pasta ke dalam kuali rabe brokoli dan gaul hingga sebati. Untuk menghidangkan, bahagikan pasta antara pinggan.

63. Herba fazzoletti dengan tuna

BERKHIDMAT 4–6

bahan-bahan
- Doh Telur
- Herba atau bunga yang boleh dimakan
- Minyak zaitun
- 2 ulas bawang putih, dikisar
- 1 mentol adas, dihiris nipis, pelepah
- terpelihara
- 1 (5-oz [142-g]) tin tuna dalam minyak zaitun
- 1 cawan (180 g) buah zaitun Castelvetrano, diadu dan dicincang
- 1 lemon, jus dan kulit
- Garam kosher
- Lada hitam yang baru dikisar

Arah

a) Taburkan dua helai kuali dengan tepung semolina.

b) Untuk membuat pasta, gulungkan doh sehingga lembarannya lut sinar.

c) Potong helaian yang digulung menjadi bahagian 12 inci (30 cm) dan tutup selebihnya dengan bungkus plastik.

d) Letakkan helaian di atas permukaan kerja yang kering dan letakkan herba ke bawah keseluruhan helaian, dijarakkan. Letakkan kepingan pasta lain di atas dan tekan ke bawah untuk mengelak. Lulus helaian sekali lagi melalui mesin atau gulung dengan tangan untuk mengelak herba. Menggunakan pemotong roda lurus atau pisau, potong kepingan pasta menjadi segi empat sama 2 inci (5 cm).

e) Letakkan fazzoletti dengan berhati-hati pada kuali lembaran yang ditaburkan semolina, dijarakkan.

f) Didihkan periuk besar air.

g) Dalam kuali tumis yang besar, dengan api sederhana, masukkan sedikit minyak zaitun, bawang putih, adas, tuna dan buah zaitun. Berhati-hati jatuhkan pasta ke dalam air mendidih dan masak sehingga al dente, kira-kira 2 hingga 3 minit. Masukkan pasta ke dalam kuali dan perasakan dengan jus lemon, kulit limau, garam dan lada hitam yang baru dikisar.

h) Untuk menghidangkan, bahagikan pasta antara mangkuk. Hiaskan dengan pelepah adas.

64. Sorprese dengan labu panggang

BERKHIDMAT 4-6

bahan-bahan
- Minyak zaitun
- 2 ulas bawang putih
- 1 labu butternut, kupas dan potong
- ke dalam kiub ½ inci (12 mm).
- Lada merah ditumbuk, secukup rasa
- Garam kosher
- Lada hitam yang baru dikisar
- Doh Telur
- Minyak zaitun
- ¼ cawan (58 g) mentega tanpa garam
- Garam kosher
- Lada hitam yang baru dikisar
- ¼ cawan hazelnut, dicincang, dibakar
- Parmigiano-Reggiano, untuk parut
- Pudina, koyak

Arah

a) Panaskan ketuhar hingga 350°F (177°C).

b) Untuk membuat labu butternut panggang, satukan minyak zaitun, bawang putih, labu potong, lada merah yang dihancurkan, garam dan lada hitam yang baru dikisar dalam mangkuk. Letakkan pada kuali dan panggang dalam ketuhar sehingga lembut, kira-kira 35 hingga 40 minit. Mengetepikan.

c) Taburkan dua helai kuali dengan tepung semolina.

d) Untuk membuat pasta, canai doh sehingga lembaran tebal kira-kira 1 / 16 inci (1.6 mm).

e) Potong helaian yang digulung menjadi bahagian 12 inci (30 cm) dan tutup selebihnya dengan bungkus plastik. Letakkan kepingan di atas permukaan kerja yang kering dan, menggunakan pemotong roda lurus atau pisau, potong kepingan pasta menjadi segi empat sama 1 inci (2.5 cm).

f) Untuk membentuk bentuk, pegang segi empat sama doh di tangan anda, lipat di atas sudut bertentangan dan picit bersama. Kemudian dengan sudut bebas, lipat ke arah yang bertentangan dan cubit bersama. Bentuknya hendaklah menyerupai sekeping origami. Letakkan sorprese pada kuali semolina yang ditaburi debu, dijarakkan.

g) Didihkan periuk besar air masin.

h) Dalam kuali tumis yang besar, di atas api sederhana besar, masukkan sedikit minyak zaitun, mentega dan labu panggang dan toskan hingga sebati. Berhati-hati jatuhkan pasta ke dalam air mendidih dan masak sehingga al dente, kira-kira 2 hingga 3 minit. Masukkan pasta yang telah dimasak ke dalam kuali tumis dan perasakan dengan garam dan lada hitam yang baru dikisar.

i) Untuk menghidangkan, bahagikan pasta antara mangkuk. Hiaskan dengan hazelnut cincang, parut Parmigiano-Reggiano dan pudina.

PASTA BAKAR

65. Lasagna Ratatouille

BERKHIDMAT 8-10

bahan-bahan
- Doh Telur
- Minyak zaitun extra-virgin
- 3 ulas bawang putih, cincang
- 1 cawan (237 ml) wain merah
- 2 (28-oz [794-g]) tin dihancurkan
- buah tomato
- 1 tandan selasih
- Garam kosher
- Lada hitam yang baru dikisar
- Minyak zaitun
- 1 biji terung, kupas dan potong dadu kecil
- 1 zucchini hijau, dipotong dadu kecil
- 1 labu musim panas, dipotong dadu kecil
- 2 biji tomato, potong dadu kecil
- 4 ulas bawang putih, dihiris
- 1 biji bawang merah, hiris nipis

- Garam kosher
- Lada hitam yang baru dikisar
- 3 cawan (390 g) mozzarella yang dicincang

Arah

a) Panaskan ketuhar hingga 350°F (177°C) dan masak periuk besar air masin sehingga mendidih.

b) Taburkan dua helai kuali dengan tepung semolina. Untuk membuat pasta, canai doh sehingga lembaran tebal kira-kira 1 / 16 inci (1.6 mm).

c) Potong helaian yang digulung menjadi bahagian 12 inci (30 cm) dan letakkannya di atas kuali sehingga anda mempunyai kira-kira 20 helai. Bekerja dalam kelompok, jatuhkan helaian ke dalam air mendidih dan masak sehingga hanya lentur, kira-kira 1 minit. Letakkan pada tuala kertas dan keringkan.

d) Untuk membuat sos, dalam periuk dengan api sederhana, tambah minyak zaitun extra-virgin, bawang putih dan tumis selama kira-kira satu minit atau sehingga lut sinar. Masukkan wain merah dan biarkan ia berkurangan separuh. Kemudian masukkan tomato hancur, basil dan garam dan lada sulah. Biarkan ia mendidih dengan api rendah selama kira-kira 30 minit.

e) Untuk membuat inti, dalam kuali tumis besar di atas api yang tinggi, tambahkan sedikit minyak zaitun, terung, zucchini, labu, tomato, bawang putih dan bawang merah. Perasakan dengan garam dan lada hitam yang baru dikisar.

f) Untuk memasang, letakkan sos di bahagian bawah hidangan pembakar 9 × 13 inci (22.9 × 33 cm). Letakkan kepingan pasta ke bawah, bertindih sedikit, menutup bahagian bawah hidangan. Masukkan ratatouille rata ke atas helaian pasta dan taburkan mozzarella di atasnya. Tambah lapisan seterusnya helaian pasta dalam arah yang bertentangan dan ulangi lapisan ini sehingga anda mencapai bahagian atas atau semua inti telah digunakan. Sendukkan sedikit sos secara rata di atas helaian atas dan taburkan lagi mozzarella.

g) Letakkan lasagna di dalam ketuhar dan masak selama kira-kira 45 minit hingga 1 jam. Biarkan ia sejuk selama kira-kira 10 minit sebelum dipotong dan dihidangkan.

66. Cannelloni terung

BERKHIDMAT 6-8

bahan-bahan
- Doh Telur
- Minyak zaitun
- 3 ulas bawang putih, cincang
- 1 cawan (237 ml) wain merah
- 2 (28-oz [794-g]) tin tomato dihancurkan
- 1 tandan selasih
- Garam kosher
- Lada hitam yang baru dikisar
- Minyak zaitun
- 1 biji terung, kupas dan potong dadu kecil
- 4 ulas bawang putih, dihiris
- 3 tangkai rosemary, dicincang
- 4 cawan (908 g) keju ricotta
- 1 cawan (130 g) mozzarella yang dicincang
- Garam kosher

- Lada hitam yang baru dikisar

Arah

a) Panaskan ketuhar hingga 350°F (177°C) dan masak periuk besar air masin sehingga mendidih.

b) Taburkan dua helai kuali dengan tepung semolina. Untuk membuat pasta, canai doh sehingga lembaran tebal kira-kira 1 / 16 inci (1.6 mm).

c) Potong helaian yang digulung menjadi bahagian 6 inci (15 cm) dan letakkannya di atas kuali lembaran sehingga anda mempunyai kira-kira 20 helai. Bekerja dalam kelompok, jatuhkan helaian ke dalam air mendidih dan masak sehingga hanya lentur, kira-kira 1 minit. Letakkan pada tuala kertas dan keringkan.

d) Untuk membuat sos, dalam periuk dengan api sederhana, tambah minyak zaitun dan bawang putih dan tumis selama kira-kira satu minit atau sehingga lut sinar. Masukkan wain merah dan biarkan ia berkurangan separuh. Kemudian masukkan tomato hancur, basil, garam dan lada sulah. Biarkan ia mendidih dengan api rendah selama kira-kira 30 minit.

e) Untuk membuat inti, dalam kuali tumis besar di atas api yang tinggi, tambahkan sedikit minyak zaitun, terung, bawang putih dan rosemary dan masak sehingga lembut, kira-kira 4 hingga 5 minit. Biarkan sejuk dan campurkan dalam mangkuk dengan ricotta dan mozzarella. Perasakan dengan garam dan lada hitam yang baru dikisar.

f) Untuk memasang, letakkan sos di bahagian bawah hidangan pembakar 9 × 13 inci (22.9 × 33 cm). Dengan kepingan pasta memanjang, letakkan kira-kira 3 sudu besar (45 g) isian di tepi yang paling hampir dengan anda. Gulungkan pasta dari anda dengan berhati-hati, bungkus intinya. Letakkan cannelloni yang disumbat dalam satu lapisan dalam hidangan pembakar. Letakkan sedikit lagi sos di atas cannelloni dan taburkan dengan mozzarella yang dicincang.

g) Letakkan cannelloni di dalam ketuhar dan masak selama kira-kira 45 minit.

67. Bayam & taleggio rotolo

BERKHIDMAT 6-8

bahan-bahan
- Doh Telur
- Minyak zaitun
- 3 ulas bawang putih, cincang
- 1 cawan (237 ml) wain merah
- 2 (28-oz [794-g]) tin dihancurkan
- buah tomato
- 1 tandan selasih
- Garam kosher
- Lada hitam yang baru dikisar
- Minyak zaitun
- 2 lb (907 g) bayam
- 1 ulas bawang putih, dikisar
- Garam kosher
- Lada hitam yang baru dikisar
- 8 oz (227 g) keju Taleggio, parut
- 2 cawan (454 g) ricotta susu biri-biri

- ½ cawan (90 g) Parmigiano-Reggiano parut

- 1 tandan selasih, dihiris nipis

- Parmigiano-Reggiano, untuk parut

- Basil, koyak

Arah

a) Panaskan ketuhar hingga 350°F (177°C) dan masak periuk besar air masin sehingga mendidih.

b) Taburkan dua helai kuali dengan tepung semolina. Untuk membuat pasta, canai doh sehingga lembaran tebal kira-kira 1 / 16 inci (1.6 mm).

c) Potong helaian yang digulung menjadi bahagian 6 inci (15 cm) dan letakkannya di atas kuali lembaran sehingga anda mempunyai kira-kira 20 helai. Bekerja dalam kelompok, jatuhkan helaian ke dalam air mendidih dan masak sehingga hanya lentur, kira-kira 1 minit. Letakkan pada tuala kertas dan keringkan.

d) Untuk membuat sos, dalam periuk dengan api sederhana, tambah minyak zaitun extra-virgin dan bawang putih dan tumis selama kira-kira satu minit atau sehingga lut sinar. Masukkan wain merah dan biarkan ia berkurangan separuh. Kemudian masukkan tomato hancur, basil, garam dan lada sulah. Biarkan ia mendidih dengan api rendah selama kira-kira 30 minit.

e) Untuk membuat inti, dalam kuali tumis yang besar di atas api sederhana, tambahkan sedikit minyak zaitun, bayam dan bawang putih. Masak sehingga bayam layu dan perasakan dengan garam dan lada hitam yang baru dikisar. Biarkan ia sejuk. Dalam mangkuk besar gabungkan bayam dengan Taleggio, ricotta, Parmigiano-Reggiano parut dan selasih.

f) Untuk memasang, letakkan sos di bahagian bawah hidangan pembakar 9 × 13 inci (22.9 × 33 cm). Dengan kepingan pasta memanjang, letakkan kira-kira 3 sudu besar (45 g) isian di tepi yang paling hampir dengan anda.

g) Gulungkan pasta dari anda dengan berhati-hati, bungkus intinya. Kemudian potong gulungan menjadi kepingan 3 inci (7.5 cm). Letakkan rotolo, bahagian isi ke atas, dalam satu lapisan dalam hidangan pembakar.

h) Letakkan lebih banyak sos di atas pasta dan taburkan Parmigiano-Reggiano parut dan selasih.

i) Letakkan rotolo di dalam ketuhar dan masak selama kira-kira 30 minit. Hiaskan dengan beberapa lagi basil segar.

68. Escarole dan sosej cannelloni

BERKHIDMAT 6-8

bahan-bahan
- Doh Telur
- 3 Sudu Besar (43 g) mentega tanpa garam
- 3 ulas bawang putih, cincang
- 3 Sudu Besar (24 g) tepung
- 2 cawan (472 ml) susu
- ¼ cawan (45 g) Parmigiano-Reggiano parut
- Garam kosher
- Lada hitam yang baru dikisar
- Minyak zaitun
- 8 oz (227 g) sosej Itali manis
- 1 lb (454 g) brokoli rabe, dicincang
- 2 ulas bawang putih, dikisar
- Lada merah ditumbuk, secukup rasa
- Garam kosher

- Lada hitam yang baru dikisar
- 1 cawan (227 g) ricotta
- ½ cawan (90 g) Parmigiano-Reggiano parut
- Basil, koyak

Arah

a) Panaskan ketuhar hingga 350°F (177°C) dan masak periuk besar air masin sehingga mendidih.

b) Taburkan dua helai kuali dengan tepung semolina. Untuk membuat pasta, canai doh sehingga lembaran tebal kira-kira 1 / 16 inci (1.6 mm).

c) Potong helaian yang digulung menjadi bahagian 6 inci (15 cm) dan letakkannya di atas kuali lembaran sehingga anda mempunyai kira-kira 20 helai. Bekerja dalam kelompok, jatuhkan helaian ke dalam air mendidih dan masak sehingga hanya lentur, kira-kira 1 minit. Letakkan pada tuala kertas dan keringkan.

d) Untuk membuat sos krim, dalam periuk dengan api sederhana, tambah mentega, bawang putih dan tepung untuk membuat roux. Masak selama kira-kira 2 hingga 3 minit, atau sehingga ia mempunyai aroma pedas. Kemudian masukkan susu dan Parmigiano-Reggiano dan pukul dengan baik untuk menggabungkan. Perasakan dengan garam dan lada hitam yang baru dikisar.

e) Untuk membuat inti, dalam kuali tumis yang besar, tuangkan minyak zaitun dan perangkan sosej. Kemudian masukkan brokoli rabe dan bawang putih. Masak sehingga brokoli rabe layu dan perasakan dengan lada merah, garam dan lada hitam yang baru dikisar. Biarkan ia sejuk. Dalam mangkuk besar gabungkan sosej dan brokoli rabe dengan ricotta dan Parmigiano-Reggiano parut.

f) Untuk memasang, letakkan sos di bahagian bawah hidangan pembakar 9 × 13 inci (22.9 × 33 cm). Dengan kepingan pasta memanjang, letakkan kira-kira 3 sudu besar (45 g) isian di tepi yang paling hampir dengan anda.

g) Gulungkan pasta dari anda dengan berhati-hati, bungkus intinya. Letakkan cannelloni yang disumbat dalam satu lapisan dalam hidangan pembakar. Letakkan lebih banyak sos di atas cannelloni dan taburkan Parmigiano-Reggiano parut.

h) Letakkan cannelloni di dalam ketuhar dan masak selama kira-kira 45 minit. Hiaskan dengan selasih.

69. Timballo

BERKHIDMAT 6–8

bahan-bahan
- Doh Telur
- 3 biji telur
- 1 cawan (180 g) parut Parmigiano-Reggiano
- 1 tandan daun pasli Itali
- 3 cawan (681 g) keju ricotta
- 1 cawan (227 g) soppressata panas atau manis
- 1 biji telur, dipukul

Arah

a) Panaskan ketuhar hingga 350°F (177°C) dan masak periuk besar air masin sehingga mendidih.

b) Taburkan dua helai kuali dengan tepung semolina. Untuk membuat pasta, canai doh sehingga lembaran tebal kira-kira 1 / 16 inci (1.6 mm).

c) Potong helaian yang digulung menjadi bahagian 12 inci (30 cm) dan letakkannya di atas kuali lembaran sehingga anda mempunyai kira-kira 10 helai.

d) Bekerja dalam kelompok, jatuhkan helaian ke dalam air mendidih dan masak sehingga hanya lentur, kira-kira 1 minit.

e) Letakkan pada tuala kertas dan keringkan. Dalam kuali springform 9 inci (22.9 cm) yang telah disapu sedikit minyak, mulakan meletakkan kepingan pasta yang telah dimasak ke bawah, bertindih antara satu sama lain dan pastikan kuali tertutup sepenuhnya. Pasta hendaklah cukup panjang untuk digantung di tepi kuali.

f) Dalam mangkuk adunan besar, satukan telur, Parmigiano-Reggiano parut, pasli, ricotta dan soppressata. Letakkan inti dalam kuali yang dialas pasta dan mula tutup bahagian inti dengan kepingan pasta yang tergantung. Sapu bahagian atas pasta dengan cucian telur dan masukkan ke dalam ketuhar. Masak selama 1 jam.

g) Biarkan ia sejuk selama kira-kira 10 minit sebelum dipotong dan dihidangkan.

SOS PASTA

70. Sos Pasta Lemon

Hidangan: 4
bahan-bahan

- 4 sudu besar mentega
- 1 cawan krim putar berat
- 1 sudu besar jus lemon segar
- 1 sudu kecil kulit lemon
- 1 sudu teh parutan kulit limau nipis
- 1 cawan air rebusan daging lembu
- 10 auns pasta yang belum dimasak

Arah

a) Dalam kuali sos yang baik atau mungkin kuali yang cukup besar untuk membawa pasta apabila ia siap, masukkan mentega, krim, dan sup daging atau mungkin bouillon dan reneh di atas saluran pemanasan sehingga berkurangan sebanyak kira-kira 50%. Letakkan jus lemon, lemon dan kulit limau, dan rizab.

b) Didihkan periuk besar berisi air biasa yang masin sedikit. Letakkan pasta dan sediakan makanan selama 8 hingga sepuluh minit atau sehingga al dente; longkang. Tos pasta dengan sos; hidang.

71. Pasta Hitam dalam Sos Gorgonzola

Hidangan: 6
bahan-bahan
- 1 (16-auns) pasta dakwat sotong hitam
- 1/4 cawan minyak zaitun extra virgin
- 3 setiap bawang merah, dikisar
- 5 ulas bawang putih, dikisar
- 1 cawan wain putih
- 1 cawan stok ayam
- 8 auns keju gorgonzola, hancur
- 1 (6-auns) tin pes tomato
- 5 (1/2 auns) keping prosciutto, dipotong dadu
- garam dan lada hitam yang baru dikisar
- 1/4 cawan parut keju Parmesan
- 6 helai daun selasih segar, dipotong menjadi jalur nipis

Arah
a) Didihkan periuk besar berisi air masin sedikit. Letakkan pasta dan sediakan

makanan selama 8 hingga sepuluh minit atau sehingga al dente; longkang.

b) Panaskan minyak yang terdapat dalam kuali besar dengan api sederhana. Tumis bawang merah dan bawang putih sehingga kekuningan sedikit.

c) Tuangkan wain dan stok ayam. Didihkan, dan campurkan gorgonzola. Letakkan pes tomato dan prosciutto; sampai mendidih. Campurkan dalam setengah setengah, kurangkan pemanasan, dan reneh lima minit. Perasakan dengan garam dan lada sulah secukup rasa. Letakkan pasta, dan toskan hingga rata.

d) Buat sehingga pasta biasanya dipanaskan. Pindahkan ke hidangan hidangan, dan hiaskan dengan parmesan dan basil.

72. Sos Pasta Zucchini yang enak

Hidangan: 6

bahan-bahan

- 1/2 paun daging kisar daging kisar tanpa lemak
- 2 zucchini kecil dicincang
- 1 biji bawang besar dihiris
- 3 ulas bawang putih dikisar
- 1 tin tomato hancur (28 auns) tomato hancur
- 1 tin sos tomato (15 auns) sos tomato
- 2 sudu besar sucanat (jus tebu kristal) atau secukup rasa
- 1 sudu besar selasih kering kemangi
- 1sudu kecil garam garam laut
- 1 sudu teh oregano kering oregano
- 1/4 sudu kecil lada hitam lada hitam dikisar
- 1 pakej spageti (16 auns) spageti gandum
- 1 -galon air

- 1 sudu besar garam

Arah

a) Panaskan kuali besar di atas kehangatan sederhana tinggi. Masak dan kacau daging lembu, zucchini, bawang merah, dan bawang putih dalam kuali hangat sehingga daging lembu biasanya berwarna perang dan rapuh, 5 hingga 7 minit; toskan dan buang gris.

b) Campurkan tomato hancur, sos tomato, sucanat, basil, garam laut, oregano, dan lada hitam ke dalam gabungan daging lembu. Didihkan, kurangkan kehangatan kepada rendah, dan renehkan sehingga perisa sebati, sekurang-kurangnya tiga puluh minit atau sehingga sekurang-kurangnya satu jam untuk rasa yang lebih baik.

c) Semasa sos mendidih, masak air minuman masin sehingga mendidih dan buat spageti mengikut garis panduan bundle.

d) Hidangkan sos di atas pasta suam.

73. Sos Pasta Ikan Bilis-Olive

Hidangan: 5
bahan-bahan

- 4 sudu besar minyak zaitun
- (2-auns) tin ikan bilis dibungkus dalam minyak, tidak dikeringkan
- ulas bawang putih, dikisar
- 1 bawang sederhana, dikisar
- 1 (4 1/4 - auns) boleh dicincang zaitun hitam, toskan
- 20 biji zaitun hijau, dihiris
- 2 sudu teh caper, toskan
- 1 sudu teh selasih kering
- 2 sudu teh perasa Itali
- 1/2 sudu kecil lada hitam
- 1 (16-auns) tin tomato
- 1 (6-auns) tin pes tomato
- 3/4 cawan air
- 1/2 cawan marsala
- 1/2 sudu kecil serpihan lada merah

Arah

a) Dalam periuk sederhana masukkan minyak zaitun pati dan ikan bilis.

b) Masak di atas api sederhana, kacau hingga tumbuk ikan bilis, tiga hingga lima 5 minit.

c) Letakkan bawang putih dan bawang besar dan masak sehingga lembut, lima minit atau lebih.

d) Kacau dalam unsur-unsur yang tinggal dan reneh tanpa penutup, seperempat jam.

74. Sos Pasta Zaitun Hitam

Hidangan: 6
bahan-bahan
- 2 2/5 ulas bawang putih (ditumbuk dan dihiris)
- 1 1/5 sudu teh lada cili segar
- 150 ml minyak
- 270 g tomato plum
- 1 1/5 secubit garam dan lada sulah
- 1 1/5 sudu besar caper
- 120 g zaitun hitam (dibatu dan dibelah dua)
- 1 1/5 sudu besar pasli (dicincang)

Arah

a) Panaskan minyak dalam kuali yang dalam, dan masukkan bawang putih dan cili api dan masak dengan api sederhana sehingga warnanya menjadi keemasan.

b) Kupas tomato dan potong kasar, masukkan ke dalam kuali, dan perasakan dengan garam dan lada sulah, ubah suai api minimum selama lebih kurang 20 minit atau sebelum sos pekat.

c) Sebelum dihidangkan masukkan caper, zaitun dan pasli.

d) Hidangkan bersama pasta yang telah dimasak.

74. Ayam & Pasta Sos Mangga

Hidangan: 4

bahan-bahan

- 8 auns pasta rigatoni yang belum dimasak
- 1 sudu besar minyak zaitun, dibahagikan
- 1 bahagian dada, tulang dan kulit dibuang (kosong) bahagian dada ayam tanpa kulit tanpa tulang - potong dadu 1 bawang, dihiris dan dipisahkan menjadi cincin
- 1 lada benggala hijau, dipotong menjadi jalur nipis
- 3 ulas bawang putih, dikisar
- 1 sudu teh halia segar, dicincang
- 1 mangga - dikupas, dibiji dan dicincang
- 1 cawan krim berat
- 1 sudu teh garam dan lada sulah secukup rasa
- 1 sudu besar keju Parmesan parut
- 4 tangkai pasli segar, untuk hiasan

Arah

a) Didihkan periuk besar berisi air minuman bergaram sedikit. Masukkan pasta rigatoni, buat selama 8 minit, sehingga hampir masak dan toskan.
b) Panaskan 1/2 minyak zaitun pati dalam kuali besar pada suhu sederhana. Letakkan ayam dalam kuali, dan masak sepuluh
c) minit, atau sehingga jus berfungsi dengan jelas. Keluarkan dari suhu, dan ketepikan.
d) Panaskan baki minyak zaitun yang terdapat dalam kuali, dan buat bawang dan lada hijau sehingga lembut. Campurkan bawang putih, halia, dan mangga, dan teruskan masak dan gaul selama lima minit, atau sehingga mangga pasti lembut. Campurkan krim besar secara beransur-ansur ke dalam kuali, dan ambil masa lima minit, sehingga pekat.
e) Kembalikan ayam ke kuali. Campurkan pasta yang telah disediakan separa, dan perasakan dengan garam dan lada sulah. Buat dan gaul 2 minit, sehingga bahan sebati dan pasta biasanya al dente.

Campuran dalam keju. Hiaskan dengan pasli untuk disediakan.

75. Sos Pasta Brokoli

Hidangan: 5
bahan-bahan
- 1 paun brokoli, julienned
- 2/3 cawan daun bawang kisar
- 1/3 cawan mentega
- 1 cawan setengah setengah
- 1 sudu teh selasih kering
- 1 ulas bawang putih, ditumbuk hingga lumat
- 1/2 cawan keju Parmesan
- 1/2 cawan gorgonzola, potong kiub kecil
- 1 secubit cayenne
- 1 paun linguine, dimasak al dente
- 1/3 cawan walnut yang dicincang halus, dibakar sedikit

Arah

a) Masak brokoli yang terdapat dalam air minuman mendidih dan masin selama 3-4 minit atau sehingga empuk.

b) Toskan dan segarkan di bawah air sejuk, air minuman yang mengalir, dan keringkan.

c) Masak daun bawang yang terdapat dalam mentega sehingga lembut; letakkan krim, basil dan bawang putih; reneh, kacau.

d) Masukkan keju dan gaul sehingga sebati.

e) Kacau yang terdapat dalam brokoli dan cayenne dan garam dan lada sulah secukup rasa dan buat sehingga dipanaskan.
f) Hidangkan sos di atas linguine dan taburkan dengan walnut panggang.

76. Sos Pasta Asas

Hidangan: 5
bahan-bahan
- 1 (14 1/2-16 auns) tin tomato cincang
- 1 (6-auns) tin pes tomato
- 1 kiub bouillon daging lembu atau 1 kiub bouillon ayam
- 1/2 sudu besar perasa Itali
- 1 ulas bawang putih kisar
- 1/2 sudu besar minyak zaitun
- 1/2 sudu besar keju Parmesan parut
- 1 biji lada
- 1/8 sudu teh serpihan lada merah

Arah

a) Dalam periuk sederhana, tumis bawang putih dalam minyak zaitun pati, jika dikehendaki. Sekiranya anda memilih untuk tidak melakukannya, teruskan ke langkah kedua 2.

b) Satukan semua bahan selain daripada kepingan lada merah. Reneh di atas api sederhana sehingga sos mendidih; hancurkan tomato semasa mendidih. Reneh sehingga ia mendapat konsistensi yang dikehendaki (ini memerlukan lebih lama tanpa pes tomato).

c) Tambah kepingan lada merah dalam masa 5 minit terakhir memasak.
d) Hidangkan di atas pasta yang paling dikehendaki atau bekukan.

77. Sos Pasta Buatan Sendiri yang Mudah

Hidangan: 5
bahan-bahan
- 2 sudu teh minyak zaitun
- 1 bawang sederhana, dicincang
- 2 sudu besar bawang putih, dikisar
- 2 (15 auns) tin sos tomato (boleh menggantikan salah satu tin dengan tomato yang dihancurkan atau direbus jika anda suka potongan tomato)
- 1 (6-auns) tin pes tomato
- 1 sudu teh oregano kering
- 1 sudu teh rosemary kering
- 1/2 sudu teh serpihan lada merah yang ditumbuk (boleh ditinggalkan jika suka)
- 3/4 sudu teh garam
- 1/4 sudu teh lada
- 1 sudu teh gula

Arah
a) Dalam kuali, panaskan minyak zaitun pati di atas api sederhana.

b) Masukkan bawang besar dan tumis hingga lembut. Letakkan bawang putih dan buat selama satu minit lagi.

c) Kacau yang terdapat dalam produk tomato, oregano, rosemary, lada merah yang dihancurkan, garam dan lada. Gayakan sos dan jika mahu, tambah glukosa.

d) Didihkan minimum, kemudian kurangkan kehangatan dan reneh selama kira-kira 10 minit, sehingga ia benar-benar pekat sedikit. Gunakan seperti yang dikehendaki.

78. Sos Pasta Citrusy

Hidangan: 8
bahan-bahan

- 9 3/5 biji tomato masak besar, dibelah empat dan dibuang biji serta dicincang

- 3 1/5 2 -4 sudu besar minyak zaitun

- 6 2/5 ulas bawang putih, dikupas, dikisar

- 4/5 cawan daun selasih kering dan bertangkai yang telah dibasuh, dicincang

- 2/5 cawan pasli Itali, dibasuh dan dicincang

- 16 buah zaitun segar, diadu dan dicincang (hijau atau hitam)

- 2/5 cawan caper

- 3 1/5 sudu besar cuka balsamic

- 1 3/5 sudu teh parutan kulit oren atau 1 sudu teh garam kulit lemon & keju parmesan lada hitam yang baru dikisar, untuk taburan di atas pasta siap

Arah

a) Satukan semua bahan (kecuali keju) dalam mangkuk, dan toskan hingga sebati.

b) Masak pasta, toskan dengan sos, taburkan dengan keju.

79. Pizza dan Sos Pasta

Hidangan: 5
bahan-bahan
- 1 tin tomato puree (29 auns).
- 12 auns bir
- 2 sudu besar gula putih
- 1 1/2 sudu teh serbuk bawang putih
- 1 1/2 sudu teh selasih kering
- 1 1/2 sudu teh oregano kering
- 1 sudu teh garam

Arah
a) Satukan semua bahan yang terdapat dalam periuk.
b) Didihkan lebih daripada api sederhana tinggi.
c) Kurangkan pemanasan kepada sederhana rendah dan reneh selama tiga puluh minit.

80. Sos Pasta Babi Asli

Hidangan: 5
bahan-bahan

- 2 sudu besar minyak zaitun
- 2 lb sparerib babi, potong separuh atau tiga bergantung pada saiz
- 1 bawang sederhana, dicincang halus
- 2 ulas bawang putih, dikisar
- 1 (28-auns) tin tomato plum
- 1 (6-auns) tin pes tomato
- 6 auns air
- 1 sudu teh garam
- 1/2 sudu kecil lada
- 1/4 sudu teh oregano kering
- 1/2 sudu teh serbuk bawang putih
- 1 1/2 sudu teh biji adas

Arah
a) Tulang rusuk coklat pada minyak.
b) Keluarkan tulang rusuk dari minyak pati dan tumis bawang merah dan bawang putih sehingga telus.

c) Masukkan tomato dan air minuman.
d) Angkat api dan jemput sos mendidih, gaul sekali-sekala supaya bahagian bawah tidak hangus.
e) Kurangkan kehangatan dan reneh tanpa tutup selama 2 jam sehingga daging pasti jatuh dari tulang.

81. Sos Pasta 30 Minit

Hidangan: 5

bahan-bahan

- 1/4 cawan minyak zaitun
- 1 secubit serpihan lada merah
- 1 secubit biji adas (pilihan)
- 6 -10 ulas bawang putih, dikisar
- 1 (28 auns) tomato tin, dengan jus, dicincang (saya melakukannya dengan sepasang gunting)
- 2 sudu teh selasih kering
- 2 sudu teh marjoram kering
- 1 sudu teh oregano kering
- 1 secubit garam

Arah

a) Panaskan minyak dalam kuali besar.
b) Letakkan lada, adas dan bawang putih dan tumis sebentar sebelum bawang putih menjadi keemasan (tidak betul-betul perang!).
c) Letakkan tomato dengan jus, herba dan garam.

d) Kacau hingga sebati, biarkan mendidih, kecilkan api dan masak, tidak bertutup, selama kira-kira 20 minit.

e) Blend dengan pasta masak dan hidangkan.

82. Sos Pasta Lobak Merah

Hidangan: 5
bahan-bahan
- 1 biji bawang putih kecil
- 1 lobak merah, parut halus kira-kira satu cawan
- 1 1/2 sudu besar kicap tamari atau 1 1/2 sudu besar kicap
- 3 sudu besar minyak zaitun dara tambahan
- 2 sudu besar keju Parmesan
- 1 sudu besar pasli segar, untuk topping
- 1 sudu besar biji bunga matahari panggang
- 8 auns penne (atau pasta pilihan anda)

Arah

a) Cincang bawang dengan baik dan tumis mereka yang terdapat dalam kuali dengan minyak pati selama kira-kira sepuluh minit. Letakkan lobak merah parut dan buat selama 5-8 minit lagi menambah kicap anda dan beberapa Sudu besar air pasta untuk memastikan sos sentiasa lembap. Apabila disediakan tulen sos dalam pengisar sawit dan letakkan semula kuali.

b) Buat sementara waktu masak pasta seperti yang diarahkan dan sebelum mengeringkannya, simpan beberapa sudu airnya. Masukkan pasta ke dalam kuali dan satukan sehingga sebati.
c) Hidangkan pasta yang dihiasi dengan biji bunga matahari, pasli, keju parmesan dan pusaran minyak zaitun pati.

83. Sos Pasta Bayam Articok

Hidangan: 8

bahan-bahan

- 1/2 (13.5 auns) boleh cincang bayam
- 1 (16 auns) balang sos alfredo
- 1 (14-auns) boleh articok jantung, toskan dan cincang
- 1/2 cawan keju mozzarella yang dicincang
- 1/3 cawan keju Parmesan yang dicincang
- 1/4 (8 auns) bungkusan keju krim, dilembutkan
- 2 ulas bawang putih, cincang
- 1 tomato Roma, dipotong dadu
- 1/2 cawan air

Arah

a) Potong dadu bayam dalam pemproses makanan.

b) Pukul bayam, sos Alfredo, hati articok, keju mozzarella, keju Parmesan, keju krim, bawang putih dan tomato dalam periuk.

84. Sos Pasta Skuasy

Hidangan: 4

bahan-bahan

- 2 cawan skuasy butternut squash, dipotong dadu
- 1 sudu besar minyak zaitun minyak zaitun
- 1 sudu besar mentega
- 1/3 cawan bawang besar dicincang halus
- 3 ulas bawang putih dikisar
- 1/3 epal dikupas dan dicincang
- 1 cawan air rebusan ayam
- 1/3 cawan susu
- 1/3 cawan keju campuran keju Itali (Parmesan Asiago dan Romano)
- 1 secubit garam lada hitam dan lada hitam kisar secukup rasa

Arah

a) Letakkan labu terus ke dalam periuk, tutup dengan air, dan masak sehingga mendidih.

b) Reneh labu sehingga sangat lembut, 15 hingga 20 minit. Toskan air minuman yang berlebihan. Skuasy yang disediakan hendaklah sama dengan 2 cawan.

c) Panaskan minyak zaitun pati dan mentega dalam kuali yang baik pada suhu sederhana rendah, dan buat bawang,

bawang putih, dan epal, kacau kerap, sehingga lembut dan perang, kira-kira seperempat jam.

d) Masukkan butternut squash dan sup ayam, dan masak sehingga mendidih pada suhu sederhana. Kecilkan api sehingga mendidih, dan campurkan campuran susu dan keju.

e) Kacau sebelum keju cair dan sos telah mencapai ketebalan yang dikehendaki, 5 hingga sepuluh minit.

85. Sos Pasta Cendawan

Hidangan: 5
bahan-bahan

- 1/3 cawan minyak zaitun (atau gunakan sos yang cukup untuk menyalut bahagian bawah kuali anda)

- 3 sudu teh selasih kering

- 3 sudu teh oregano

- 1 -2 sudu teh serpihan cili kering (atau secukup rasa)

- 1 daun bay besar

- 1 bawang sederhana, dicincang halus

- 6 ulas bawang putih, sudu besar dicincang halus (atau secukup rasa, saya suka banyak bawang putih!)

- 1 (6-auns) tin pes tomato

- 1 lb daging lembu kisar tanpa lemak

- 1/2 lb sosej Itali, sarung dikeluarkan

- 1/2 cawan wain merah kering

- 1 (28-auns) tin tomato dihancurkan

- 1 (8-auns) tin sos tomato

- 1 1/2 cawan sup daging lembu berkualiti baik

- 3/4 lb cendawan butang (atau gunakan beberapa tin cendawan yang telah dikeringkan, tetapi segar lebih baik!)

- 1 -2 sudu teh gula putih

- 1 sudu besar sos Worcestershire (atau secukup rasa)

- 1 sudu besar garam (atau untuk rasa sos tomato yang baik perlu banyak garam)

- 1 sudu teh lada hitam segar parut keju Parmesan segar

Arah

a) Dalam minyak panas ketuhar Belanda, selepas itu masukkan selasih, oregano, kepingan cili, daun bay dan bawang; tumis, kacau dengan sudu kayu selama lebih kurang 4 minit (ini akan mengeluarkan rasa dalam rempah).

b) Masukkan bawang putih dan sediakan selama 2 minit.

c) Masukkan pes tomato dan sediakan untuk kacau dengan sudu kayu selama 2 minit.

d) Masukkan daging lembu dan daging sosej; masak sehingga perang sangat baik (kira-kira sepuluh minit) toskan mana-mana lemak.
e) Masukkan wain anda dan reneh selama 2-3 minit, kacau.
f) Masukkan tomato hancur, sos tomato, sup daging lembu, cendawan, gula, 2 sudu besar garam, sos Worcestershire; hantar sehingga mendidih, kurangkan suhu dan reneh separa terlindung selama kira-kira 2 jam (atau anda boleh reneh lebih lama pada suhu rendah).
g) Perasakan dengan lada hitam.
h) Keluarkan daun bay dan sediakan di atas pasta yang disediakan panas kemudian taburkan dengan banyak keju Parmesan parut.

i) Sos Pasta Primavera

Hidangan: 5
bahan-bahan

- 1 (14 1/2 - auns) tin tomato dipotong dadu
- 1 (6-auns) tin pes tomato
- 3/4 cawan kuntum brokoli segar
- 3/4 cawan lobak merah yang dihiris nipis
- 3/4 cawan hirisan bawang besar
- 1/2 cawan zucchini, dipotong menjadi kepingan
- 1/2 cawan hirisan lada benggala hijau
- 1/2 cawan lada benggala merah, dihiris
- 2 ulas bawang putih, cincang
- 2 daun salam
- 1 sudu besar minyak zaitun
- 1/2 sudu teh selasih kering
- 1/2 sudu teh rosemary kering
- 1/2 sudu teh oregano kering
- 1/2 sudu teh thyme kering

- 1 1/2 sudu teh garam
- 1/4 sudu teh lada hitam dikisar
- 1 sudu teh gula putih
- 1/2 cawan air

Arah

a) Dalam periuk besar masukkan satukan semua bahan Setiap satu daripada mereka bersama-sama sekali!
b) Panaskan hingga mendidih sahaja, tutup dan kurangkan suhu hingga mendidih.
c) Masak sehingga semua sayuran empuk, kira-kira 45 minit.
d) Kacau sekali-sekala.
e) Hidangkan dengan pasta yang dimasak mengikut keputusan anda!

86. Sos Alfredo Klasik

Hidangan: 2

bahan-bahan

- 3 sudu besar mentega
- 8 auns cecair krim sebat berat
- garam secukup rasa
- 1 secubit buah pala yang dikisar
- 1/4 cawan parut keju Parmesan
- 1/4 cawan parut keju Romano
- 1 biji kuning telur
- 2 sudu besar keju Parmesan parut

Arah

a) Cairkan mentega atau marjerin dalam periuk yang baik pada suhu sederhana tinggi. Letakkan krim pekat, kacau sentiasa. Campurkan garam, buah pala, keju Parmesan parut dan keju Romano parut.

b) Campurkan sentiasa sehingga cair, dalam kes itu, gabungkan dalam kuning telur.

c) Reneh pada suhu sederhana rendah tinggi selama tiga hingga lima minit.

d) Hiaskan dengan keju Parmesan parut lagi, jika mahu.

87. Ayam dan Sos Pasta

Hidangan: 5

bahan-bahan
- 3 sudu besar mentega atau 3 sudu besar minyak zaitun
- 4 ketul dada ayam, belah, kulit dan tulang
- 2 sudu besar tepung
- 1 cawan air rebusan ayam
- 1/2 cawan separuh setengah
- 2 sudu besar mustard Dijon
- 2 biji tomato, potong baji atau 2 biji tomato tin, toskan
- 2 sudu besar pasli segar cincang
- 1 cawan kacang pea beku
- 2 sudu besar caper dalam tin

Arah

a) Cairkan mentega atau minyak zaitun pati dalam kuali yang bersaiz besar.

b) Satukan dada ayam dan masak sehingga siap dan berwarna perang, kira-kira 20 minit.

c) Keluarkan ayam ke dalam pinggan hidangan yang bagus.

d) Campurkan tepung ke dalam titisan kuali yang terdapat dalam kuali, masak selama 1 minit.
e) Masukkan air rebusan ayam, separuh, dan separuh.
f) Kacau dan masak sebelum sos menjadi pekat dan buih, masukkan mustard, caper dan kacang polong beku.
g) Kembalikan ayam ke dalam kuali, tutup, dan panaskan selama sepuluh minit.
h) Hiaskan dengan tomato dan taburkan dengan pasli.
i) Kami biasanya menghidangkan dengan tortellini atau mungkin pasta lain dan ditambah dengan sos Dijon tambahan.

88. Kelapa, Sos Pasta Labu

Hidangan: 5
bahan-bahan
- 1 sudu besar minyak sayuran
- 1 biji bawang
- 1 sudu besar halia segar
- 500 g labu, potong dadu
- 100 ml stok ayam
- 1 410 tin 1 (410 ml) krim kelapa
- garam dan lada

Arah
a) Cincang bawang besar dan kisar halus halia.
b) Panaskan minyak dan tumis bawang besar dan halia tanpa menggorengnya.
c) Masukkan labu dan gaul selama 2 minit.
d) Letakkan air yang mencukupi untuk sekadar melepasi labu dan sediakan makanan sebelum labu lembut.
e) Letakkan krim kelapa dan inventori dan kacau dengan teliti.
f) Menggunakan pengisar atau acuan, gaul sehingga rata.

89. Minyak Zaitun & Sos Lada Merah

Hidangan: 6
bahan-bahan
- 3/5 cawan minyak zaitun extra virgin
- 3 3/5 ulas bawang putih, dikisar
- 3/10 cawan air masak pasta
- 3/5 sudu kecil serpihan lada merah ditumbuk
- 1 1/2 sudu teh garam halal
- 1 1/5 cawan pasli daun rata segar, dicincang kasar

Arah
a) Panaskan minyak dalam periuk besar dengan api sederhana. Letakkan bawang putih dan buat, kacau, selama 30 saat, pastikan ia tidak menjadi perang.
b) Masukkan air pasta, lada merah, garam, dan pasli dan biarkan mendidih.
c) Gaul dengan pasta masak.

90. Sos Pasta Homestyle

Hidangan: 5
bahan-bahan

- 1 bawang sederhana
- 2 ulas bawang putih
- 1 sudu besar minyak sayuran (pilihan)
- 1 lb daging lembu kisar
- 1 lobak merah besar
- 1 zucchini besar
- 1 lada
- 2 cawan cendawan butang dibelah empat (pilihan)
- 1/2 sudu teh garam
- 1 sudu teh selasih
- 1 sudu teh oregano
- 4 cawan tomato hancur
- 2 sudu besar pes tomato
- 1 sudu besar sos tabasco (pilihan)

Arah

a) Tetapkan periuk air biasa masin yang besar untuk mendidih, dan buat jumlah pasta yang diperlukan.
b) Sementara itu, kupas dan potong bawang merah dan bawang putih.
c) Kupas dan parut lobak merah; parut zucchini.
d) Sediakan cendawan dan lada jika digunakan.
e) Masukkan daging ke dalam kuali yang sangat besar, dengan minyak pati jika daging agak kurus, dan goreng, pecahkan kepada kepingan kecil, sehingga perang.
f) Apabila ia separuh dilakukan, masukkan bawang, dan teruskan penyediaan makanan sehingga tiada merah disimpan dalam daging dan bawang lut sinar.
g) Kacau bawang putih ke dalam daging selama satu minit, kemudian tambah lobak merah parut dan zucchini, dan lada dan cendawan jika digunakan. Gaul sebati.
h) Teruskan memasak, kacau kerap selama beberapa minit sebelum sayur-sayuran menjadi halus. Perasakan dengan garam, basil dan oregano.

i) Campuran yang terdapat dalam tomato hancur dan pes tomato.
j) Kecilkan api dan renehkan sehingga sebati.
k) Campurkan yang terdapat dalam sos Tabasco, dan hidangkan di atas pasta panas.

91. Daging Lembu Lo Mein

Hidangan: 4
bahan-bahan
- 1 (8 auns) pakej spageti
- 1 sudu teh minyak bijan gelap
- 1 sudu besar minyak kacang tanah
- 4 ulas bawang putih, dikisar
- 1 sudu besar akar halia segar dikisar
- 4 cawan sayur campur
- 1- paun stik flank, dihiris nipis
- 3 sudu besar kicap natrium berkurangan
- 2 sudu besar gula merah
- 1 sudu besar sos tiram
- 1 sudu besar pes Asia Chile dengan bawang putih

Arah
a) Didihkan seperiuk air biasa yang bergaram sedikit. Buat spageti dalam air biasa mendidih sehingga disediakan tetapi organisasi untuk menggigit, kira-kira 12 minit; toskan dan pindahkan ke

dalam mangkuk yang bersaiz besar. Renjiskan minyak pati bijan ke atas spageti; tos sampai kot. Letakkan pinggan di atas mangkuk untuk memastikan mi sentiasa hangat.

b) Panaskan minyak pati kacang dalam kuali atau mungkin kuali besar di atas pemanasan sederhana tinggi. Masak dan campurkan bawang putih dan halia dalam minyak terik sehingga wangi, kira-kira 30 saat. Tambah buah-buahan dan sayur-sayuran yang dicampur ke dalam kuali; buat dan kacau sehingga agak lembut, kira-kira tiga minit. Campurkan stik flank ke dalam campuran sayuran; buat dan kacau sebelum daging lembu disediakan, kira-kira lima minit.

c) Kisar kicap, gula perang, sos tiram dan pes Chile bersama-sama dalam mangkuk kecil; tuang atas spageti. Buang spageti dan kombinasi sos ke dalam kuali dengan buah-buahan dan sayur-sayuran serta stik; buat dan kacau sebelum spageti panas, 2-3 3 minit.

92. Pasta Satu Periuk Puttanesca

Hidangan: 6
bahan-bahan

- 1 (24 auns) sos tradisional yang lazat

- 2 cawan air

- 1 (8-auns) pakej spageti belum masak

- 1 (14-auns) boleh dibelah empat hati articok

- 4 auns diadu dan dibelah dua buah zaitun kalamata hitam

- 2 sudu besar caper

- 3 ulas bawang putih, dikisar

- 1 cawan tomato anggur separuh

- 2 sudu kecil lada merah ditumbuk

- 2 sudu besar pasli segar yang dicincang

Arah

a) Satukan Sos dan air dalam periuk yang bersaiz besar. Pecahkan spageti kepada dua (jika mahu) dan masukkan ke dalam periuk. Didihkan, kacau selalu.

b) Kacau yang terdapat dalam hati articok, buah zaitun kalamata, caper, bawang putih, tomato anggur, kepingan lada merah yang dihancurkan dan pasli. Kurangkan suhu tinggi kepada sederhana-rendah, tutup dan renehkan sehingga pasta pastinya masak mengikut kelembutan yang dikehendaki, 8 hingga sepuluh minit, kacau kerap.

c) Angkat dari api dan hidangkan hangat. Hiaskan dengan pasli segar lagi dan lada berwarna kemerah-merahan jika dikehendaki.

93. Sos Pasta Ayam

Hidangan: 5

bahan-bahan

- 2 lb ayam goreng (dipotong)
- 4 biji lada merah manis besar (potong jalur)
- 2 biji bawang sederhana (dihiris nipis)
- 1 tin tomato puree (28 auns).
- 1 sudu besar minyak kanola
- 2 sudu besar selasih kering
- 2 sudu besar oregano kering
- 2 sudu besar pasli Itali (dicincang)
- 6 ulas bawang putih segar (dihiris nipis)
- 2 sudu kecil garam
- 1/2 sudu kecil serpihan lada merah

Arah

a) Basuh, potong ayam; keringkan dengan tuala kertas.

b) Perasakan dengan 1 sudu teh. garam; mengetepikan.

c) Dalam periuk bersaiz besar, panaskan minyak dan tumis bawang besar dan bawang putih. Letakkan bahagian kulit ayam di bahagian bawah dan coklat gelap sedikit.

d) Masukkan lada manis, tomato puree, basil, oregano, pasli, garam dan serpihan lada.

e) Tutup dan renehkan di atas api sederhana rendah di atas dapur selama 1-1/2 jam.

f) Dalam resipi ini, air berasal dari lada masak dan ayam yang mencairkan puri tanpa cecair tambahan.

g) Walaupun begitu, jika sos menjadi pekat semasa memasak, tambahkan 1/2 tin air biasa (atau wain) sedikit pada masa yang sama sehingga konsistensinya mengikut citarasa anda.

94. Sos Ara & Prosciutto Segar

Hidangan: 4
bahan-bahan
- 2 sudu besar mentega
- 2 sudu besar tepung serba guna
- 1/2 sudu teh garam
- 1 cawan susu
- 6 keping nipis prosciutto, dipotong menjadi jalur nipis
- 6 setiap buah ara segar, bertangkai dan berempat
- 1 sudu besar kulit limau
- 1/4 sudu teh perasa lada lemon, atau secukup rasa

Arah

a) Panaskan mentega yang terdapat dalam periuk yang baik di atas api perlahan; campurkan tepung ke dalam mentega cair sehingga licin dan berbuih, 2 hingga 4 minit. Tambah garam; gaul sebati. Keluarkan dari haba; perlahan-lahan tetapi pasti campurkan susu sehingga sebati.

b) Kembalikan sos ringan ke atas dapur; sampai mendidih. Kurangkan pemanasan dan renehkan dengan api yang rendah.

c) Masak dan campurkan prosciutto dan buah tin yang terdapat dalam kuali tanpa tinggal di atas api sederhana sehingga suam, kira-kira lima minit. Campurkan kulit limau dan perasa lada limau ke dalam sos putih terang. Hidangkan buah tin dan prosciutto di atas sos.

95. Feta dan Sos Pasta Bacon

Hidangan: 4

bahan-bahan

- 8 keping bacon, dicincang
- 2 batang daun bawang, dihiris
- 1 sudu besar mentega
- 1/4 cawan tepung serba guna
- 2 cawan susu
- 8 auns keju feta, hancur
- 1 secubit lada hitam dikisar secukup rasa

Arah

a) Letakkan daging yang terdapat dalam kuali yang bersaiz besar pada suhu sederhana tinggi. Goreng selama beberapa minit, dalam kes itu, tambah daun bawang. Buat dan gaul sehingga bacon tajam dan daun bawang menjadi lembut. Mengetepikan.

b) Cairkan mentega dalam periuk yang baik pada suhu sederhana tinggi. Pukul bersama tepung dan susu, kemudian tuangkan ke dalam periuk bersama mentega. Didihkan dan masak, kacau selalu, sehingga pekat.

c) Angkat dari haba dan campurkan dengan keju feta. Campurkan dalam bacon dan daun bawang, oleh itu perasakan dengan lada secukup rasa. Hidangkan ke atas pasta pilihan anda.

96. Pasta Amnesia

Hidangan: 4
bahan-bahan

- 2 (8-auns) bungkusan pasta linguine segar
- 1 cawan krim
- 4 auns salmon salai, dicincang
- 1 secubit buah pala yang baru diparut
- 1 secubit lada hitam dikisar, atau secukup rasa
- 1 1/2 sudu besar kaviar hitam
- 1 tandan daun pasli daun rata dicincang

Arah

a) Didihkan periuk besar berisi air biasa masin sedikit. Masukkan pasta, dan sediakan makanan sehingga al dente, kira-kira tiga hingga empat 4 minit. longkang.

b) Sementara itu, letakkan krim dalam periuk kecil, di atas kehangatan sederhana rendah. Campurkan salmon salai, dan perasakan dengan pala dan lada hitam jika mahu. Gaul kerap sehingga pekat.

c) Letakkan pasta yang telah dikeringkan ke dalam mangkuk hidangan yang besar. Tuangkan sos krim ke atas pasta, dan letakkan kaviar. Tos perlahan sehingga beberapa kaviar tawarkan tumpas dan warnakan pasta sedikit.
d) Hidangkan segera dengan taburan pasli.

97. Sos Pasta dengan Pancetta

Hidangan: 5
bahan-bahan
- 6 sudu besar minyak zaitun
- 2 sudu besar mentega tanpa garam
- 2 auns pancetta atau 2 auns bacon
- 3 biji bawang besar, dihiris nipis
- 1/2 sudu kecil serpihan lada merah
- 1 lb tomato, dalam tin
- 8 helai daun selasih segar sederhana
- keju parmesan

Arah
a) Letakkan minyak pati dan mentega dalam kuali besar pada suhu sederhana; letak bacon dan bawang.
b) Apabila bawang mula berwarna keemasan dengan berhati-hati masukkan lada Chile, tomato, selasih dan secubit garam.
c) Buat sos selama lebih kurang 15 minit sebelum perasa disatukan dengan baik.
d) Sementara itu buat bucatini sehingga al dente.

e) Tos pasta dengan sos dan taburkan dengan banyak keju.

98. Sos Pasta Tomato Hijau

Hidangan: 6
bahan-bahan
- 3/10 cawan minyak zaitun extra virgin
- 14 2/5 tomato hijau sederhana, dipotong menjadi kepingan
- garam kosher
- lada hitam tanah
- 7 1/5 ulas bawang putih, dikisar
- 28 4/5 helai daun selasih segar
- 1 1/5 lb linguine
- 3/5 cawan keju parmesan, parut baru

Arah
a) Panaskan ketuhar hingga 300F.
b) Sembur hidangan pembakar cetek yang besar dengan minyak pati makanan memasak. Letakkan tomato dalam hidangan dan perasakan dengan garam dan lada sulah. Siram dengan zaitun.
c) Bakar tanpa penutup sehingga tomato agak lembut, kira-kira 25 minit.
d) Dalam cip pemproses makanan mini, cincang bawang putih dan basil secara

kolektif. Taburkan bawang putih/basil bersama tomato.

e) Tutup dengan foil dan bakar sehingga lembut dan sedikit karamel, 25 minit lagi.

f) Keluarkan dari ketuhar dan masukkan ke dalam pemproses makanan atau pengisar. Nadi beberapa kali, tetapi pastikan sosnya kental. Gunakan periuk untuk memanaskan semula dan letakkan ayam yang telah dimasak jika dikehendaki

g) Hidangkan lebih daripada pasta yang dimasak panas dan terbaik dengan segar

99. Sos alpukat untuk pasta

Hasil: 1 Hidangan

Bahan

- 1 auns Mentega
- 2 Hingga 3 Bawang Besar, Bahagian Hijau Dan Putih, Cincang
- 1 sudu kecil Kulit Oren Parut
- 1 sudu kecil Kulit Limau Parut
- ½ sudu teh Ketumbar Kisar
- 6 auns cecair Oz Krim Tunggal (Ringan).
- 3 sudu besar Yoghurt Biasa
- Garam Dan Dikisar Baru
- Lada Hitam -- secukup rasa
- 2 Hingga 3 Avocado

Arah

a) Cairkan mentega dalam periuk, masukkan bawang besar dan tumis 1 minit.

b) Kemudian masukkan kulit oren dan limau serta ketumbar. Keluarkan dari api semasa anda menyediakan krim dan yogurt. Tuangkan krim ke dalam mangkuk kecil dan masukkan yogurt, garam dan lada sulah. Gaul rata hingga rata.

c) Kupas, batu dan cincang alpukat (saiz yang anda cincang adalah keutamaan peribadi, tetapi kami biasanya memotong kira-kira $1\frac{1}{2}$ cm kiub). Masukkan alpukat ke dalam bahan-bahan dalam kuali, tuangkan campuran yogurt dan panaskan perlahan-lahan.
d) JANGAN REBUS atau avokado akan menjadi basah dan sos akan menjadi kental. Tuangkan ke atas pasta, toskan dan hidangkan sekali gus.

100. Sos pasta Calcutta

Hasil: 1 kelompok

Bahan
- 2 sudu besar Mentega
- $1\frac{1}{2}$ sudu besar biji Jintan; hancur
- 1 sudu besar Paprika
- 3 ulas bawang putih; cincang
- 2 sudu besar akar halia segar; cincang
- 2 Jalapeños; dibiji dan dikisar
- $3\frac{1}{2}$ cawan tomato segar atau dalam tin yang dicincang
- 1 sudu teh buah pelaga; tanah
- $\frac{1}{2}$ sudu besar Garam masala
- $\frac{1}{2}$ cawan yogurt biasa
- $\frac{1}{2}$ cawan krim kental
- $\frac{1}{4}$ cawan ketumbar segar; dicincang

Arah

a) Tumis jintan manis, paprika, bawang putih, akar halia dan jalapeno dalam mentega sehingga keemasan dan wangi, kira-kira 5 minit. Masukkan tomato, buah pelaga dan garam masala.

b) Reneh perlahan-lahan sehingga pekat, 30 hingga 60 minit.

c) Tambah yogurt, krim pilihan dan ketumbar.
d) Panaskan, tetapi jangan mendidih. Hidangkan di atas couscous atau pasta.

KESIMPULAN

Dengan bantuan dan bimbingan resipi terperinci ini, anda akan membina rasa untuk konsistensi pasta yang anda cari. Anda sentiasa boleh menambah sedikit air tambahan atau kurang satu telur apabila doh anda memerlukannya. Anda akan belajar bekerja dengan mata dan tangan anda bersama-sama, walaupun tanpa arahan. Setelah doh betul, anda boleh menggunakan tumit tangan anda untuk melipatnya ke atas dirinya dan tekan, lipat dan tekan, sehingga licin dan sekata!

www.ingramcontent.com/pod-product-compliance
Lightning Source LLC
Chambersburg PA
CBHW070456120526
44590CB00013B/664